Herderbücherei

Band 880

Über das Buch

In diesen fröhlichen Geschichten erzählt eine Mutter von ihren Kindern und daneben auch ein ganz klein wenig von sich selbst. Hauptperson ist die jüngste Tochter Mützle, dann folgen die älteren Geschwister Josi und Paul. Publikum und Mitwirkende zugleich sind Vater und Großmutter, gebetene und ungebetene Spielgefährten, Katze und Igel. Bei soviel temperamentvollen Personen ist immer etwas los, über das man lachen und schmunzeln kann. Vor allem wird der Leser seine helle Freude haben an den kuriosen Kommentaren aus Kindermund, die dennoch immer ins Schwarze treffen. „Amüsanter Lesestoff für Eltern, die in manch einer der Geschichten vielleicht ihre eigenen Kinder mit ihren Ideen wiederfinden werden." (Reutlinger General-anzeiger)

Über die Autorin

Almuth Link (geboren 1935) war nach dem Studium der Musik und Germanistik elf Jahre im Schuldienst tätig. Heute lebt sie als Frau eines Juristen und Mutter zweier Kinder in der Nähe von Frankfurt a. M. Almuth Link veröffentlichte Feuilletons, Kurzgeschichten, Erzählungen und den Roman „Meine kleine Arche Noah" (F.H. Kerle).

Almuth Link

Im Kinderzimmer brennt noch Licht

Fröhliche Geschichten aus dem Familienalltag

Herderbücherei

Veröffentlicht als Herder-Taschenbuch
Die Originalausgabe erschien unter dem gleichen Titel
ebenfalls im Verlag Herder

Umschlag-Graphik: Barbara Wieck-Kapferer
Buchillustrationen: Helmut Philipp

Herstellung: Freiburger Graphische Betriebe 1981
ISBN 3-451-07880-5

Inhalt

Keine Widerrede

Sie ist gern Großmutter, und daß sie von ihren Enkelkindern nicht „Großmama", sondern „Emma" genannt wird, tut ihr ein bißchen leid. Sie hat keinen Strickstrumpf und meidet Damenkränzchen. Aber sie kann auf siebzig Jahre zurückschauen und hat seit fünfzehn Jahren die unbedingt zuverlässig wiederkehrenden Verpflichtungen, Kinder zu hüten und reich zu beschenken.

„Hängt so arg an ihren Enkeln", „liebgewordene Gewohnheit", „merkt, daß sie noch gebraucht wird", sagen die Ihren, ohne Falsch das Wunderbare gönnend. Sie lächelt und geht einkaufen, zu Weihnachten für zwölf Enkel, für große und kleine, protestierende und duldende, zwangsempfindliche, frustrierte, aggressive, ödipal verwickelte, oral unabgelöste (sie brauchen dauernd Süßigkeiten), jedenfalls für Enkel, die alle im Besitz einer eigenen psychischen Phase sind. Die Großmutter ist auf dem laufenden, läuft aber gelegentlich Gefahr, die einzelnen Phasen durcheinanderzuschmeißen und entsprechend ungekonnt zu reagieren oder·verkehrt zu schenken. Dies alles muß sie bedenken, und es ist schwierig. Aber der Einkauf für die Kleinen in der Spielwarenabteilung erweist sich als noch schwieriger.

Die sechsjährige Hanna hat sich eine Puppe gewünscht. „Mit Haaren und so weiter" steht auf dem

Wunschzettel. Das „und so weiter" will die alte Dame wohlwollend in einem zusätzlichen Kleidchen verwirklichen. ‚Vielleicht ein Ballkleid?' denkt sie schwärmerisch und schaut in die süßen, von Haarbergen umrahmten Puppengesichter mit den hilflos oder keck kullernden Staunaugen.

Ob sie ihr behilflich sein könne, fragt endlich die Verkäuferin und nimmt die Puppe Tanja vom Brett herunter. „Eine Sing-, Sprech- und Laufpuppe mit elektrischem Sprechwerk, zwei Minischallplatten, Betrieb durch 1,5-Volt-Babyzelle", sagt sie mit weihnachtlicher Geschwindigkeit und holt schon die nächste herunter, die Simone heißt und mittels Haushaltsbatterie 4,5 Volt echte Kinderschritte gewährleistet. Oder ob sie lieber „Hänsel" und „Gretel" will, die lebenswahren (sehen Sie?), anatomisch genauen, im kurzen Hängerchen und Schutenhütchen. Für irgendeine Phase soll das gut sein, erinnert sich die Großmutter, läßt aber die Erinnerung sogleich verlöschen.

„Auch die Busenpuppen mit abschraubbarem Kopf, variablen Perücken, Drehknien und beweglichen Hüften sind sehr beliebt…"

„Nein, nein, Fräulein, es ist ja für eine Sechsjährige", sagt sie in gütiger Gekränktheit.

„Dann kommt hier vielleicht das Kluckerтränchen in Frage, das mittels Fläschchen weint und die Windeln naß macht. Oder hier hätten wir noch was Nettes, das Laufpüppchen mit dem Hündchen Plüschi, ein patentiertes System; Püppchen und Hündchen bewegen sich separat durch Bedienung eines Miniblasebalgs, und das Hündchen bellt! Exklusiv bei uns."

Die Verkäuferin ist stolz, die Käuferin erschöpft. Sie kauft ein Krabbelbaby mit lebensechter Bewegung mittels Batterie. Man kann es kämmen, wickeln und liebhaben. Aber die Enkelin, was wird die Enkelin sagen, wenn sie mit dem „und so weiter" lässig andeuten wollte, daß sie sich auf dem Spielzeugmarkt auskennt und teure püppische Perfektion erwartet?

Nervös wühlt sie in ihrer Tasche. Wo ist denn schon wieder die Brille? Dann findet sie auch Einkaufszettel und Bleistift, hakt Geschenk Nr. 1 ab und überliest tapfer Nr. 2 bis 12.

„Schenken macht Spaß", flüstert sie sich streng zu, und sie duldet keine Widerrede.

So ist die Großmutter.

Mützle

Ihr elftes Enkelkind heißt Valentine, wird aber überall nur „Mützle" genannt. Ich glaube, daß ein kreisrundes rotes Kapitänsmützlein mit blauem Plastikanker, von der damals Dreijährigen bei einem Geburtstagsfest gewonnen und fortan über viele Tage hin von früh bis spät getragen, für die Namensgebung verantwortlich ist.

In der Geschwisterschar – sie hat einen Bruder Paul und eine Schwester Josi – ist sie, was die Beachtung von seiten der Erwachsenen betrifft, nicht viel mehr als ein Mitläufer, fast ein Schlußlichtlein, das alles erbt, nichts ladenneu besitzt, nichts zu melden und auch nie eine eigene psychologische Phase hat. Doch, etwas gehört ihr ganz allein! Eine Katze. Später will ich davon erzählen.

Jetzt kommt sie erst einmal in die Schule, mit Pauls altem Ranzen. Das ist ihr gleichgültig. „Hauptsache, es geht ein schönes Schulbrot rein, mit Plattkäs drauf."

Emma und Mützle mögen sich sehr. Deshalb muß sich der Großvater ein paar Tage selbst versorgen und Emma auf Reisen schicken. Sie will den ersten Schultag miterleben, koste es, was es wolle. Sie ist aufgeregt. Ohne Reisefieber geht es bei ihr nie ab.

Schon lange vor dem Ziel zieht sie Hut und Mantel an, stellt sich neben ihren Koffer in den Gang des Zuges und versucht mit Hilfe ihrer Fernbrille in Sekundenschnelle alle vorübersausenden Ortsnamen zu entziffern, um nur den rechten Ausstieg nicht zu verpassen.

Dann ist sie da.

„Emma, Emma!" ruft Mützle über den Bahnsteig, „hast du auch nicht wieder deinen Regenschirm liegenlassen?"

Emma lächelt und schwingt den Schirm zum Zeichen, daß sie ihrer Vergeßlichkeit diesmal nicht erlegen ist.

Auf dem Heimweg beginnt Mützle altklug zu philosophieren. „Ach ja, liebe Emma", stöhnt sie mit sorgenvollem Augenaufschlag, „nun ist es also soweit, und ich komme in die Schule – du kannst eigentlich änorm klücklich sein, daß du diese Lasten bereits hinter dir hast. Warst du damals gut im Schreiben?"

„Kind, das sind – du liebe Zeit – vierundsechzig Jahre her, wie soll ich das noch wissen?"

„Weil du es ja selbst erlebt hast", sagt Mützle trotzig, und etwas nachgiebiger fügt sie hinzu: „Vielleicht weißt du aber noch, wie deine Lehrerin hieß?"

„Das war ein Mann; seinen Namen weiß ich natürlich nicht mehr."

„Vielleicht hieß er Herr Kohlkopf." Mützle schüttet sich aus vor Lachen über den selbstgebastelten Witz und wird ganz plötzlich wieder ernst. „Eigentlich kann er ja nichts dafür, daß er Herr Kohlkopf hieß, der arme Lehrer, hat er geweint?"

„Aber Mützle, er hieß doch gar nicht Kohlkopf", mische ich mich nun ein, um Emma zu entlasten.

„Vielleicht doch! Und ich bin auch manchmal wütend über meinen Namen – Mützle, Mützle, das ist doch gar kein Namen, das ist höchstens ein Wolltopf auf dem Kopf..."

Über solchen Betrachtungen kommen wir zu Hause an und müssen uns schon bald wieder auf den Weg zur Begrüßungsfeier machen.

Frau Haspel, die Haushilfe, steht bereit, den pralinenförmigen Hut auf dem Kopf, die Sonntagshandtasche am angewinkelten Arm. Mützle will den Schulranzen nicht mitnehmen. „Der fällt mir doch nur auf die Last", sagt sie und setzt ihre Katze hinein.

„Emma", flüstert sie am Abend des feierlichen Tages, „Emma, komm auf mein Bett, zum Essen und zum Schwätzen."

Ächzend zerrt sie an ihrer zwischen Tisch und Stuhl eingeklemmten Zuckertüte und hält sie ihrer Großmutter hin. „Lakritz." Sie schaut sie an, als bedeute dieses Wort die Welt, als sei jeder Kommentar überflüssig.

Nur zögernd greift Emma zu. „Worüber wollen wir denn schwätzen?"

„Über die Schule und daß ich Mützle heiß'."

„Sagen die in der Schule denn auch…?"

„Nein nein, *die* dürfen nicht Mützle sagen, weil ich jetzt auch schon zu groß bin. Aber ihr dürft weiter Mützle zu mir sagen, du und die Mama und der Jur und die Josi und der Paul, wenn er mich mal nicht ärgert. Bist du jetzt sehr froh?"

„Ich bin sehr froh, das kannst du mir glauben; aber jetzt machen wir das Licht aus, und wenn du magst, beten wir noch zusammen."

Umständlich faltet das neue Schulkind die Hände, macht ein hoheitsvolles Gesicht. „Lieber Gott, du darfst auch weiter Mützle zu mir sagen. Amen."

Erster Schultag

Frau Haspel läßt es sich nicht nehmen, Mützle am ersten Schultag abzuholen. Energisch drückt sie die sperrige Tür des Besenschranks zu, sagt „dann wollen wir mal" und marschiert davon.

Mützles Freude ist groß. Schon von weitem fängt sie zu erzählen an. „Also einer hat doch in der Pause seine Zahnspange verloren, die hat furchtbar viel gekostet, und sein Vater wird ihn hauen und auskeifen. Wir haben alle gesucht wie verrückt, aber er mußte dann doch ohne sie heimgehen, der Arme."

„Das ist ja schrecklich, Mützle, aber wirklich."

„Ach Haspel, wenn das alles wäre! Es kam ja noch was viel Schlimmeres vor. Die Lehrerin wollte plötzlich wissen, ob wir ägolisch oder ägelisch sind."

„Was ist *das* denn?"

„Ich weiß auch nicht – ich hab' einfach gesagt ägolisch."

„Hör mal, vielleicht meint sie euren Glauben?"

„Nein, sie hat gefragt, ob wir's *wissen!*"

„Ja, ja, aber man nennt es trotzdem Glauben, wenn es was mit der Religion zu tun hat."

„Und was soll ich ihr sagen?"

„Daß du evangelisch bist, das mußt du ihr morgen sagen, hörst du?"

„Nee, die Mama muß es ihr sagen, die muß sowieso einen Zettel ausfüllen mit meinen Personen."

„Meinst du Personalien?"

„Jo, jo, aber das ist ja immer noch nicht alles. Stell dir nur vor, eine Lehrerin hat so ungeheuer geschimpft, daß sie vor Schimpfen fast übers Geländer hinabgepurzelt wäre! Ein Bub hat gesagt, ihr Haardutt, den sie auf dem Kopf spazierenträgt, der sei wie ein Stoßdämpfer, damit beim Sturz der Kopf nicht kracht…"

„Aber Mützle, das ist ja entsetzlich, was ihr so redet!"

„Na ja – schon –, aber es stimmt, wenn sie auf den Dutt fällt, tut es bestimmt nicht so weh, höchstens wenn der Dutt vorher aufgeht und alleine herabsegelt und die Lehrerin hinterher, dann…"

„Jetzt hör aber auf!" unterbricht die arme Frau Haspel mit schreckgerötetem Gesicht. „Wir gehen schnell heim und schauen uns erst mal an, was ich dir zum ersten Schultag mitgebracht habe."

„Eine Puppe? Vielleicht sogar mit Busen?"

„Mit Busen und abnehmbarem Kopf."

„Ui, liebe, liebe Haspel, du bist furchtbar lieb. Und wenn *du* mich mal schimpfst, denke ich nicht, daß du über das Geländer purzeln sollst, auch wenn dein Hut vielleicht ein doller Stoßdämpfer wäre…"

Der Vater, weil er ein Jurist ist, wird von der Familie „Jur" genannt. Jur kommt immer erst am Abend nach Hause und spielt daher im Leben der Kinder nur eine bescheidene Nebenrolle.

Die Hauptrolle, darin besteht kein Zweifel, spielt Frau Haspel. Sie ist in gewisser Weise der Mittelpunkt; Mittelpunkt der Schrecken, der Erleichterungen, der Vergnügungen, der Zweifel. Und um dies alles zu erklären, bekommt sie ein großes Kapitel für sich.

Klein und kompakt, im Schatten ihres pralinenförmigen Hutes, läuft sie jeden Morgen mit ihrer Energie, die sie zur Arbeitsstätte treibt, um die Wette. Sie klingelt, tritt raumgreifend ein, schließt die Haustür, daß der Windfang klirrt.

„Guten Morgen", singt sie glockenrein (große Sext aufwärts, große Terz abwärts) und mit ein wenig Tremolo.

Ich registriere es mit nervös geschlossenen Augen, denn gute Laune anderer in den Frühstunden verbittert...

Noch bevor Mützle sie jubelnd begrüßt, wirft Frau Haspel den Braten in den Topf, die Margarine auf die Herdplatte. Sie braucht zum Zwiebelschneiden kein Brett, zum Salzen kein Schäufelchen, macht alles „aus der lameng". Auch Lorbeerblätter und Nelken schüttet sie aus der Tüte direkt, verschwenderisch oder nicht, ganz wie es dem augenblicklichen Bewegungsdrang ihres Unterarmes entspricht.

Sie läßt viel Kindermilch so lange kochen, bis es wenig Kindermilch ist, läßt Teewasser sprudeln, zischen, rasen.

Wenn ich im Mantel vor ihr stehe, greift Frau Haspel nach einer Bürste, bürstet mir über Schuhe, Mantel und Haare, singt „Auf Wiedersehen", wirft die Bürste in den Puppenwagen. Zum Abschied klirrt der Windfang. Ich halte den Atem an, tue dies im Dienst den ganzen Vormittag. Was ich träume, ist fürcherlich und treibt mir den Angstschweiß auf die Stirn:

Vorhänge und Küchentücher haben sich mit Hilfe von Bügeleisen, Herdplatten und Tauchsieder zu einem Feuer verbündet, das Frau Haspel mit Milch und Öl zu löschen versucht. Die Feuerwehr rufen kann sie nicht, weil sie das Telefon nicht findet; es steht unter einem Kissen, das sie beim Bettenmachen vergessen hat. Sie dreht die Schraube der Waschmaschine eigenhändig weiter, wenn es ihr zu lange dauert und erwischt gerade die stammelnde Schlußphase des Schleuderganges.

Doch Träume haben ein Ende, und die Wirklichkeit ist wieder gnädig. Man könnte ja einfach Jur fragen, welche Hausratsversicherungen es gibt. Aber der ist Theoretiker und tritt grundsätzlich für die Probleme von Frauen mit Familie und Beruf nur in geselliger Diskussion ein. In der Praxis scheitert seine positive Einstellung an den vielen Reparaturen, die abends auf ihn warten.

Geballte Ereignisse jedoch ziehen Jur eines Tages

ganz von selbst in den Strudel der Häuslichkeit. Beim gemeinsamen Mittagessen erschrecken unsere Zähne durch elektrische Schläge. Die Überprüfung des Phänomens ergibt, daß Frau Haspel einen Stannioldeckel gemeinsam mit den Kräutern zertrümmert und verrührt hat. Ein Zettelchen liegt auf dem Tisch, worauf geschrieben steht: „Mützle schläft / heute schlecht gegessen / sonst sehr munter / 1000 Grüße H."

Strahlend liegt Mützle, bis zu den Haarwurzeln mit Filzstift bemalt, im Bett. Es ist Faschingszeit, und Frau Haspel weiß, daß Filzstift am besten hält. (Sie selbst will morgen mit Schnauzbart und Perücke kommen.)

Auf einmal wird uns unangenehm heiß. Zuerst glauben wir, es seien die Schrecken oder eine Wetterveränderung; aber schließlich entdecken wir, daß Frau Haspel beim Staubwischen den Thermostaten bis zum Anschlag gedreht hat.

Am Abend sprechen wir über Vorsichtsmaßregeln. Mützle spielt in der Zimmerecke. „Aber Mama", tönt ihre Stimme vorwurfsvoll, „du bist aber komisch. Bei uns ist's doch so lustig. Ihr seid lieb, und die Haspel ist fast noch ein bißchen lieber, weil sie mir immer so dolle Puppen schenkt!"

„Mit Kopfschraube", ergänzt Paul, der auf dem Sessel lungert.

„Ja, ja, schon gut, spielt bitte weiter." Die Stimme des Vaters vibriert vor Nervosität. Mir zugewandt, zischt er: „Wenn man nur etwas besser Englisch könnte, dann würden diese Eselsohren nicht alles mitkriegen!"

Die Frage wird vertagt.

Übrigens, es stimmt: was das Mitbringen von Puppen

betrifft, so hat Frau Haspel etwas von der legendären Großzügigkeit einer Tante aus Amerika. Mal ist es eine Babypuppe, mal eine junge Dame, schwarzhäutig im rasanten Bikini. Ihr Herz für Kinder ist schier unermeßlich groß. Grund genug für Mützle, sie heiß und rückhaltlos zu lieben, ja zu vergöttern.

Natürlich hält die Haspel sich an gegebene Versprechen. Wenn sie gesagt hat: „Ich komme morgen mit Schnauzbart und Perücke", dann kommt sie morgen mit Schnauzbart und Perücke. Absurd schaut sie aus, das muß man schon sagen! Nicht nur daß der Bart schief hängt, auch die blauschwarze Synthetikhaarfrisur beginnt erst von der Mitte des Kopfes an zu wallen; bis dorthin türmen sich ihre eigenen blonden Wellen. Was trägt sie in der Plastiktüte? Puppen. Mützle gerät fast aus dem Häuschen. Der einzige Mensch, der jetzt wirklich nicht mehr ins Haus gehört, bin ich. Höflich und drängend werde ich verabschiedet. Auf Wiedersehn bis bald! Zeit genug für Frau Haspel, in faschingslauniger Zusammenarbeit mit den Kindern Unglaubliches anzurichten. Doch diesmal ringt sich weniger ihr Sinn für das Chaos durch als vielmehr die Freude am Überraschungseffekt; der gelingt ihr so sehr, daß ich mir, nach Hause zurückgekehrt, mit autogenem Training helfen muß. „Ich bin ganz ruhig…"

„Basteln" könnte man etwa den Überbegriff dessen nennen, was sich an diesem Tag ereignet hat. Der Untertitel aber müßte heißen „Verhaspelte Welt".

Josi hoppelt auf einer Art Steckenpferd durch das Zimmer. Frau Haspel hat dafür den Besenstiel zersägt und mit Hilfe einer ausgestopften Strumpfhose den

Kopf geformt. Die Augen des Tieres – man muß erst näher hinschauen, ehe man es glaubt – sind zwei rote Lederknöpfe von Mützles Wintermantel. Selbstverständlich fehlt auch die Mähne nicht. Üppiges Blondhaar, am Stiel mit Uhu angeklebt, wippt jugendlich im Hoppelrhythmus; abgeschnitten von vier Puppen, die nun, ihres entscheidenden weiblichen Charmes beraubt, wie gezauste Büßerinnen in der Ecke liegen. Der eigentliche Roßhaarbesen liegt, grün gefärbt – wie hat sie das bloß gemacht? –, als „Wiese" auf dem Boden. Ein Wagen von Pauls alter Holzeisenbahn dient dem Pferd als Tränke. Die gelbliche Flüssigkeit darin ist vielleicht Limonade, vielleicht Salatsoße, man kann nie wissen ... ach was, lieber mal nachschauen, was Mützle macht. Ich muß nicht lange suchen, denn lautes Rumpeln im Wohnzimmer verrät den Standort der Tochter. „Mama, guck mal, ich bin ein Schlittenhund!" brüllt sie mit tonloser Stimme gegen eine Mütze an, die ihr alle Sicht und Luft nimmt, weil sie über das Kinn bis zum Hals herabgezogen ist. Was sie an zwei Gürteln hinter sich herzieht, hat tatsächlich Ähnlichkeit mit einem Schlitten. Es ist der Rest, der von einem Puppenwagen übrigbleibt, wenn man ihm die Räder abmontiert hat. „Frau Haspel wird doch hoffentlich nicht darinsitzen", flüstere ich mir selbst zu, um meinem Schrecken zuvorzukommen. Das ist jedoch nicht nötig, denn sie sitzt nicht drin, sondern steht am Plattenspieler und läßt Josis Schildkröte Karussell fahren. „Sie fährt nur auf dreiunddreißig Umdrehungen", sagt sie beruhigend zu mir. „Gell, das macht Spaß", sagt sie liebevoll zur Schildkröte. Die findet das offenbar wirklich schön, denn sie reckt das Köpfchen und schaut mit glasigen Äuglein in die kreiselnde Welt.

Daß in der Küche der Kartoffelbrei anbrennt und der Backofen, ohne Inhalt, Hitze verströmt, sei nur am Rande erwähnt. Gedankenlos nehme ich den Topf von der Platte, schalte den Herd aus, gehe in mein Zimmer. Dort stelle ich Gleichungen auf: berufstätig sein bedeutet haspeln, haspeln bedeutet Wirrnis. Für die Kinder bedeutet haspeln aber auch Zirkus und Glück. Und weil solche Gleichungen sowieso nie richtig aufgehen, lasse ich Zirkus und Glück siegen.

Konfliktbereinigung

Paul ist vierzehn Jahre alt. Von der Schule erzählt er wenig, weil er nicht sonderlich gerne hingeht. „Bitte kommt nie in die Schule", befiehlt er streng, „und wenn, dann aber ohne Umarmung auf dem Schulhof!" Ich verspreche es ihm, denn dieser Satz bezieht sich ja wohl eindeutig auf meine mütterlichen Gefühle.

„Wir haben jetzt auch Religion", erzählt er eines Tages, und wir spüren seinen guten Willen, uns wenigstens über die Zusammensetzung des Stundenplanes zu informieren.

„Da nehmt ihr sicher das Neue Testament durch?" fragt Jur so vorsichtig und so nebenbei, daß es schon wieder auffällt.

Paul antwortet trotzdem: „Nein."

„Was sonst, wenn nicht Geschichten aus der Bibel?"

„Konfliktbereinigung."

„Ach du liebe Zeit!" Jur weiß, daß er für diesen Seufzer einen vorwurfsvollen Blick von mir zu erwarten hat, denn wann kriegt man Paul schon einmal zum Reden?

„Ach du liebe Zeit, ist das schwierig, was ihr da macht." (Es ist sein Versuch, den Seufzer zu entschärfen.)

„Ja", sagt Paul, „bei der ist alles schwierig."

„Weil man da soviel nachdenken muß?" Ich bin ganz glücklich über meine Frage, weil ja fast schon ein Gespräch zustande kommt!

„Nee, weil's so unheimlich laut ist in der Klasse."

„Aber wenn du mal zufällig was verstehst, worum geht es denn dann in der Konfliktbereinigung?"

„Daß wir berechtigt sind, unsere Eltern zu hassen, wenn die uns unterdrücken, oder daß die Eltern ihre Machtansprüche an uns auslassen und so…"

„Und weil die Lehrerin ihre Machtansprüche an euch nicht auslassen will, ist's wohl so laut im Unterricht?" Die väterliche Stimme klingt schon recht gereizt.

„Na ja, das Fräulein läßt ja Protokolle von uns machen, was uns gefällt an der Stunde und was nicht, und wenn sie dann einfach ‚Ruhe' brüllen würde, gäb' das ein Minus für sie."

„Wie könnt ihr denn aber Protokolle machen, wenn ihr gar nichts versteht?"

„Wir verstehen ja manchmal was, zum Beispiel wenn der Klassenboß ‚Ruhe' brüllt."

Paul merkt am allgemeinen Schweigen, daß die Atmosphäre jetzt getrübt ist. Er will uns den Schrecken nehmen und einlenken. „Wir füllen für das Religionsfräulein auch immer Fragebögen aus", sagt er eifrig, „ich hole euch einen!"

Dort steht gedruckt als letzte Frage: Welche Ermahnung mußt du von deinen Eltern dauernd hören?

„Sei folgsam!" hat Paul als Antwort geschrieben.

„Aber du – das stimmt doch überhaupt nicht, wer von uns beiden sagt denn dauernd ‚Sei folgsam!' zu dir?" (Ich bin jetzt auch verärgert.)

„Niemand, aber du siehst doch selbst, daß hier nur für zwei Wörter Platz ist – bei meiner großen Schrift!"

Die Einladung

Wir hätten es nicht für möglich gehalten: Paul lädt Mützle ins Café ein.

Natürlich tut er das nicht ganz umsonst; sie muß ihm eine Woche lang „Sachen ’rantragen“.

„Das heißt also“, brummt Jur, „sie muß den jungen Herrn eine Woche lang bedienen und nach seiner Pfeife tanzen.“

„Ich tanz’ gern nach Pfeifen“, sagt Mützle eilig, und man sieht ihr an, daß sie ihrem Jur am liebsten den Mund zuhielte, um ihn zum Schweigen zu bringen. Wie kann er nur so leichtsinnig sein und Paul reizen! Am Ende läßt der dann die herrliche Idee wieder fallen, und sie hat das Nachsehn. Aber Erwachsene wissen halt nicht, was es heißt, mit dem großen Bruder ausgehen zu dürfen.

Paul hat, Gott sei Dank, die väterliche Spitze überhört. „Freitag um drei stehst du fertig angezogen und mit sauberen Pfoten im Windfang, klar?“ So etwa lautet sein Befehl, von Mützle mit einem ehrfürchtigen „Ja“ entgegengenommen.

Bald ist der große Tag da. Mützles Glück schlägt Wellen. Wir werden alle davon angesteckt.

„Was soll ich bloß anziehen, damit sich der Paul mit mir nicht dschinieren tut?“ Ratlos steht sie vor ihrem Kleiderschrank, alle Kombinationsmöglichkeiten

durchdenkend und wieder verwerfend, wie das eben so ist bei den Damen.

Schließlich zerrt sie – ich traue meinen Augen nicht – einen alten Skipullover hervor, ehemals weiß, inzwischen fleckig und verfilzt, aber mit einem ungeheuren Rollkragen versehen. „Der ist sportlich", seufzt sie hingerissen und macht sofort Anstalten, ihn anzuziehen. „Und dazu die Reithose von der Josi."

„Ja Mützle, die Reithose paßt dir doch gar nicht, und außerdem gehst du ins Café, nicht in den Reitstall!"

„Der Paul mag das Sportliche."

„Bei Buben mag er das, aber bei Mädchen ist ihm das doch nicht so wichtig, vor allem nicht, wenn er mit ihnen ausgehen will." Ich sehe an ihrem Gesicht, daß sie meine Ausführungen kaum wahrnimmt.

„Der Paul hat mal gesagt, Rollkragen sind klasse."

„Ja, weil er seinen Hals nicht wäscht!" ruft Josi, die von ihrem Zimmer aus das Gespräch offenbar interessiert verfolgt.

„*Ich* wasche aber meinen Hals, und außerdem mag der Paul das Sportliche." Mützle ist nicht umzustimmen. Sie zieht an, was sie für attraktiv hält, bindet sich zum Schmuck noch ein rotes Wollgarn in ihren dunklen Mozartzopf, hängt sich zwei große Holzketten um und steht dann, durchaus vergleichbar mit einer Clownsgestalt, pünktlich um drei Uhr im Windfang.

Paul stört sich nicht an dem absurden Aufzug seiner Schwester. Er läßt sie auf den Gepäckträger seines Fahrrads klettern und saust mit ihr davon. Mützle sieht und hört nichts mehr; ganz überwältigt von den Ereignissen, kann sie nur noch vor sich hinstrahlen.

Josi und ich schauen dem Gefährt mit gemischten Gefühlen nach. Wenn sie nur schon wieder da wären!

Es dauert tatsächlich nicht allzulang, da schiebt Paul den kleinen Clown zur Haustür herein. Er selber fährt gleich wieder davon.

„Ja wie war's denn, Mützle?"

„Ach Mama, es war ja so wunderherrlich, daß ich es einfach nicht sagen kann. Das Café hieß Kremer, und das Fräulein hatte ein Schürzchen an, ein weißes, und es hatte ganz lange vornehme Nägel in Rot, und der Paul hat mir eine Flasche Cola bestellt und hat gesagt, er trinkt ein bißchen davon mit, und dann hat er fast die ganze Flasche ausgetrunken, aber das machte nix, denn ich hatte ja auch was zum Essen, nämlich ein Schweineohr und eine Schimmellocke."

„Du meinst wahrscheinlich Schillerlocke", verbessert Josi. „Na ja, da hat er sich ja nicht gerade in große Unkosten gestürzt!"

„Das Ohr hat der Paul gegessen, und ich habe ein Stück von der Schimmellocke gegessen."

„Und das andere Stück?" (Josi bohrt mal wieder.)

„Das hat dann auch der Paul gegessen, aber er hat mich höflich gefragt, und er hat dem Fräulein sogar ein Trinkergeld gegeben, und was meint ihr, was er noch gemacht hat? Er hat mir in den Mantel hineingeholfen hinterher, wie einer feinen Dame – nur als ich innen im Futter vom Ärmel gehanken habe…"

„… hängengeblieben bin", bessert Josi aus.

„… im Futter hängengeblieben bin, da hat er geschimpft und gesagt, ich bin ein Schlamperweib. Dabei hab' ich ja das Loch im Futter von der Josi geerbt –

schließlich. Er hat sogar gesagt, wenn ich bei meinem Mann später auch immer im Futter hängenbleibe, dann haut der ab, dann muß ich zu euch zurückkehren mit meinem Sack und mit meinem Pack und muß um ein Gnadenbrot bitten."

„Na, dann habt ihr euch ja toll unterhalten, du und der Paul", sage ich etwas betreten. Aber Mützle fährt begeistert fort: „Und noch was war los. Ein Mann hat seinen Regenschirm aus dem Ständer gezogen, und dabei ist der Regenschirm von einer Dame herausgekippt, und die Krucke ging ab. Die Dame schimpfte furchtbar, weil der Mann den Schirm einfach nicht bezahlen wollte. Meine Güte, hab' ich gezittert! Leider konnte ich nicht bis zum Schluß zugucken, weil der Paul mich 'rausgezerrt hat."

„Und jetzt mußt du eine Woche lang den Paul bedienen", sagt Josi, und sie schaut ganz bekümmert drein. Sie hatte dem Handel von vornherein nichts abgewinnen können. Paul ist ja soweit ganz nett, findet sie, aber vor den Weibern hat er wenig Respekt. Ihre Befürchtungen erfüllen sich, Gott sei Dank, nur zu einem kleinen Teil. Die Woche vergeht, und Mützles Pflichten beschränken sich auf so unliebsame Kleinarbeiten wie „Sprudel holen", „Schuhe wegtragen", „Bleistiftspitzen".

Am Abend des letzten Tages hält sie eine Art Rückschau. „Also Mama, wenn der Paul mich noch mal ins Café einlädt, dann tu' ich aber *vorher* meine Bedienungsarbeit, damit dann nur noch das Glück übrigbleibt!"

Das Zwischending

Ganz leise sagt Josi: „Es ist auf einmal alles so anders als früher."

Einen Moment lang betrachte ich das lange dünne Mädchen an meiner Seite und finde, daß es eigentlich nicht traurig ausschaut, sondern eher verwundert.

„Was ist anders?"

„Na ja – früher habe ich mich immer so wahnsinnig gefreut auf meinen Geburtstag, jetzt ist das so – eben anders."

„Du bist vielleicht enttäuscht, daß du keine Spielsachen mehr kriegst, sondern mehr Sachen zum Anziehen und für die Schule…"

„Kann sein. Aber ich werde zwölf, was soll ich da mit Spielsachen? Kleider machen mir auch nicht so viel Spaß, oder Schmuck. Und immer nur Gesellschaftsspiele…"

Wir betreten, mutlos wegen schlechter Erfahrungen, das erste Kleidergeschäft.

„Ein Kleid für die Tochter? Das wird schwierig sein. Sie ist wohl ein Stück größer als Sie, aber sonst hat sie ja noch eine Kinderfigur. Ich kann mal bei Größe achtunddreißig nachsehen, aber sehen Sie selbst – überall die Abnäher."

Die Tochter, schon jetzt völlig unbeteiligt, nestelt an ihrer Zahnspange und drängt hinaus.

„Tut mir leid, daß ich Ihnen nicht helfen kann", beteuert die Verkäuferin, „aber dieses Alter ist in bezug auf die Kleidergröße immer sehr problematisch!"

‚Nicht nur in bezug auf die Kleidergröße', denke ich und schiebe das große Kind in den benachbarten Schuhladen. Schuhnummer neununddreißig: Pumps mit sehr hohen Absätzen, Riemchen, Lack und Silber; mir wird heiß. Tochter Josi starrt gebannt in die entgegengesetzte Ecke, tut ein paar Schritte dorthin, geht zögernd zurück. Dort sausen kleinere Kinder eine Rutschbahn hinab, andere drehen sich im Karussell.

Ich wähle – sie sagt „ja" – ein Paar rustikale Halbschuhe, für Buben und Mädchen gleichermaßen geeignet, braun.

Im dritten Geschäft einigen wir uns auf den Rock, der in einer Zwischengröße zu haben ist (sein einziger Vorzug). Josi lacht etwas gepreßt: „Ich bin so'n komisches Zwischending, nicht wahr?"

Ein Klassenkamerad kommt uns entgegen. Eilig läßt sie meine Hand los, die sie aus Versehen gefaßt hatte. Schweigend, tiefernst gehen sie aneinander vorbei. „Mit dem rede ich nicht mehr, der quält Kaulquappen." Noch vor einem Jahr gehörte er zu den Geburtstagsgästen.

Diesmal wird niemand geladen. Die Buben nicht, „weil die so blöd sind", die Mädchen nicht, „weil die meisten schon richtig tanzen wollen, mit Freund und so, und weil sie Kinderspiele zum Kichern finden."

So hat die Familie einen gemeinsamen Konditoreibesuch beschlossen.

„Ich werde aber mein Zeug selber bestellen dort, und zwar echten Bohnenkaffee!"

„Der schmeckt dir doch gar nicht."

„Egal."

Am Abend vor dem wichtigen Tag suche ich in der Dachkammer nach dem hölzernen Kerzenkränzchen. Es ist mit bunten Blumen bemalt, und überall klebt Wachs von vergangenen Jahren. Zehn Kerzen passen hinein.

Ich erinnere mich, daß wir ein Jahr zuvor einen Leuchter in die Mitte stellten, um die Elf zu retten. Zwei Leuchter in der Mitte – das geht nun nicht mehr. *Eine* Kerze wird brennen, wie bei den Erwachsenen.

„Da siehst du es", sagt Josi, „es ist eben alles auf einmal ganz anders."

Nudel

Mützle ist sehr musikalisch. Und deshalb fuhr ich, als sie fünf war, einmal mit ihr in ein Nachmittagskonzert.

Ein denkwürdiger Tag, dieser Mittwoch!

Zunächst fanden wir den Konzertsaal nicht. Er lag in einem unserer multifunktionalen Bürgerhäuser, und wir landeten (wahrscheinlich magisch angezogen) immer wieder am Hallenschwimmbad. „Wir zwei sind die Richtigen im Finden!" stöhnte sie und schob ihre Hand vertrauensvoll in die meine, was soviel heißen sollte wie: Die Mama wird mich schon richtig ins Konzert führen.

Zuviel entgegengebrachtes Vertrauen belastet. Ich wurde nervös und begann zu rennen.

„Du hüpfst ja wie ein Känguruh! Und außerdem müßtest du doch die Schilder viel besser lesen können als ich..."

Sie wollte mich offenbar reizen. Weil ich das nicht aushielt, gab ich zurück. „Dann gehen wir eben überhaupt nicht ins Konzert."

„Wir gehn ja sowieso nich, weil du ja den Saal nich findest."

Oh – Kinder können schrecklich sein!

Erschöpft saßen wir schließlich, die Orgelmusik hatte längst zu brausen begonnen, auf den roten Polsterstühlen des Konzertsaales. Mützle saß nicht lange.

Sie kniete vor ihrem Stuhl nieder und spielte in den Rillen des Cordstoffes mit den Fingernägeln Straßenbahn. Sie tat es leise, deshalb ließ ich es geschehen. Als sie in der Pause mit großen Schritten und immer wilder zählend die Länge des Saales ausmaß, hielt ich es für angebracht, den Konzertbesuch zu beenden. Ihr war es recht.

Und damit beginnt die Geschichte von unserer Katze.

In der Abenddämmerung, mitten auf der Landstraße, sahen wir sie liegen; das dunkle Köpfchen erhoben, der Körper offenbar verletzt, von einem Auto angefahren. Ich hielt an und ging auf das winzige Bündelchen Elend zu, das mich mit einem hellen „rrr" begrüßte. Wie gehört dieses „rrr" inzwischen zu den Stimmen des Hauses! Mützle zog die Lodenjacke aus, und wir legten die Patientin vorsichtig auf den festen Stoff. Jede Bewegung tat ihr weh, sie klagte laut, ihre hellgelben Augen waren von einem kranken Flor überzogen, das Mäulchen stand offen. Sehr langsam fuhren wir nach Hause.

„Wenn ich sie nicht behalten darf, dann sind wir alle ein Tierquäler!" rief Mützle ihrem Vater schon vor der Tür zu. Er sagte nicht nur „ja", sondern er fuhr das kranke Tier, das nach Jauche roch, noch am gleichen Abend zum Tierarzt.

Das kummervolle Geschöpf von damals ist heute nicht wiederzuerkennen. Eine große dunkle Katze saust durch unser Haus, jagt Staubflocken und Fliegen und hat ein ausgeprägtes Vergnügen an ihrem Futternapf. Weil das figürliche Folgen hat, nennen wir sie „Nudel".

Drei Klinkenputzer

Auch die Nudel hat Einfluß auf das Familienleben. Niemand kann ihrem Katzencharme, den sie im Überfluß besitzt, widerstehen. Das ist sie: ein hüpfender, tanzender, schnurrender Ball, eine Langschläferin, die auf dem Rücken liegt und alle vier Pfoten in die Luft streckt, eine Kostgängerin, die ihre leere Schüssel so lange lärmend dreht, bis sie wieder voll ist, kurzum eine runde Persönlichkeit aus Pelz, Gemüt und Realismus. Kein Wunder, daß wir uns unter ihrer Führung allmählich zu Tierfreunden entwickeln, die immer aufmerksamer und engagierter am Schicksal der Tiere teilnehmen.

Unser Eintritt in den Tierschutzverein ist also nur eine natürliche Konsequenz. Wir lernen, daß es im Spätherbst eine Woche des Tierschutzes gibt und daß in dieser Woche tüchtig Geld gesammelt wird. Alle drei erklären sich dazu bereit, „als Klinkenputzer aufzutreten" (so Paul). Er selbst übernimmt einige Straßen allein, während Josi und Mützle ihre Arbeit gemeinsam ausführen wollen.

„Auf jeden Fall hab' ich erst mal eine ganz tolle Idee, wie wir viel Geld zusammenkriegen", sagt Mützle mit ungeheuer wichtigem Gesicht. Nach einer kleinen Pause, in der niemand ihre Idee wissen will, fährt sie von selber fort: „Also ich nehme die Nudel auf den Arm und zeige sie den Leuten, damit sie gerührt sind!"

„Das wirst du schön bleiben lassen, die dicke Nudel

als verhungertes Tier anzupreisen – ich glaube, bei dir piept's." Josi tippt sich empört an die Stirn.

„Aber wenn ich die Nudel unter den Mantel stecke, sieht ja kein Mensch, daß sie dick ist!"

„Vor allem sieht kein Mensch die Nudel überhaupt, wenn du sie unter den Mantel steckst, also kannst du dir die Mühe auch sparen." Paul beschließt das Thema.

Am Abend des ersten Sammeltages gehen die Wogen hoch, Paul hat, wie immer, als erster Redeerlaubnis. „Mann, was gibt es doch für idiotische Geizkragen", schimpft er, dem Vater zugewandt. „Einer kam im Schlafrock und mit Zipfelmütze vor seine Tür geschlurft, verstand erst mal stundenlang nicht, was ich wollte, obwohl er sich fast die Ohrmuschel verrenkte, und als er dann schließlich verstanden hatte, sagte er ‚aha aha‘ und reichte mir die Hand, ohne einen Pfennig, zum Abschied."

„Ach du liebe Zeit, und was *wir* erst erlebt haben!" schreit Mützle, die Hierarchie der Redeerlaubnis mißachtend. „Da hat einer durchs Haustelefon gegluckst und gerattert und gerauscht – jedenfalls gab's lauter komische Geräusche, aber verstehen konnte man ihn überhaupt nicht, und wir schrien immer wieder ‚Tierschutzverein‘, und er schrie ‚brrr-glucks‘, und auf einmal war das Haustelefon wieder zu."

„Wenn ihr mit den Leuten nicht ins Gespräch kommt, ist es doch ganz witzlos", unterbricht Paul. Darüber ärgert sich nun Josi. „Wir sammeln ja auch nicht, um witzig zu sein, du Großtuer. Außerdem – wo war denn bei *dir* das Gespräch, wenn der Zipfelmützenmann nichts als ‚aha aha‘ gesagt hat?"

Paul lacht verlegen. „Na ja, manche haben ja auch gesagt: ‚Zeig mal deinen Ausweis‘, oder ‚Wir kaufen nichts an der Tür!‘“

„Und was *wir* aber kennengelernt haben!“ schreit Mützle, die nun einfach nicht mehr schweigen kann. „Eine wahnsinnig vornehme Dame haben wir kennengelernt, mit Dienerin und so.“

„Hat sie auch tüchtig gespendet?“ fragt Jur.

„Nee, nich so doll, aber ihre Dienerin hat geöffnet, und wir konnten in das Wohnzimmer hineinglotzen. Da hat die vornehme Dame in der Mitte gehockt, auf einem goldenen Sessel, und auf ihrem Schoße saß ein edler Hund, und in der Ecke sang Robin Hood.“

„Nun hör aber auf, Mützle, ich war ja schließlich auch dabei. Die Dame war wohl reich, aber ‚goldener Sessel‘, du spinnst wohl. Der ‚edle Hund‘ war ein Dakkel, und von wegen Robin Hood! Wahrscheinlich war’s der Fischer-Dieskau, den sie auf der Schallplatte gehört hat – jedenfalls waren es innige Lieder, keine Schlager.“

„Auch gut. Aber weißt du noch, Josi, die eine Frau, die immer laut vor sich hingeredet hat? Sie hat sich selbst ‚du‘ genannt. ‚Wo hast du denn nur dein Portemonnaie‘, hat sie gesagt. Und dann hat sie uns eingeladen, wir sollen sie mal besuchen, weil sie immer so allein ist. Die war nett! Morgen besuche ich sie.“

„Morgen wirst du weitersammeln“, befiehlt Josi.

„Warum – wir haben doch schon sieben Mark?“

„Damit kannst du doch den Tieren nicht helfen, Mützle.“

„Ach Jur, wenn du wüßtest, wie du *mir* schon mit sieben Mark helfen könntest!“

Das Olgador

Da stand eines Tages in der Zeitung, „wie man einem Igel durch den Winter hilft". Fein geschnittene Geflügelleber esse der stachlige Geselle gern, Katzen- und Hundefutter aus der Dose, zerbröckelte Nüsse. Und wenn er im November noch keine fünfhundert Gramm auf die Waage lege, so müsse man ihn in Kost und Logis nehmen, weil der Speck für die Überwinterung nicht ausreiche.

Bei uns purzelten gleich zwei Igelkinder zur Haustür herein, halbstark, fidel und eindeutig auf der Suche nach einem warmen Plätzchen. Also wurde der Zeitungsartikel genau studiert: neunzehn Grad Wärme, trockenes Laub, Auslauf von vier Quadratmetern, separate Toilette aus Torfmull. Die Mahlzeiten seien mit einem Multivitamin anzureichern. Milch sei nur bei Durchfall zu empfehlen.

Jedenfalls wurde uns klar, daß es sich bei unseren neuen Hausgenossen um sensible Personen handelte.

Namen für die beiden Wichte waren schnell gefunden. Da man nicht feststellen konnte, ob es Buben oder Mädchen waren, denn sie verbargen einfach alles innerhalb ihrer Kugel, einigte man sich auf ein Pärchen und nannte es Olga und Isidor. Sie hatten es wirklich gut. Was moderne Kinder brauchen, wurde ihnen zuteil: Nestwärme, geregeltes Leben, Familienanschluß.

Jeden Tag durften sie, unter Mützles Aufsicht, eine Zeitlang im Flur umhertrippeln. Diese Attraktion wurde erst gestrichen, als Isidor – es wird vorausgesetzt, daß *er* es war, weil Mädchen so etwas Dummes nicht tun – sich unter einer Heizungsröhre derart festklemmte, daß er nur durch ruckartige Millimeterarbeit und im Schweiße aller Angesichter wieder befreit werden konnte.

Der Winter verging, und wir gewöhnten uns an das Schnorcheln, Rumoren, Rascheln, Hüsteln, Trippeln und nicht zuletzt an den einzigartigen Duft, der der Wanne entstieg...

Ende Mai sollten sie ausgesetzt und ihrem Instinkt überlassen werden. Ein Igelbuch, von Mützle langsam, laut und für alle Zuhörer nervenaufreibend verlesen, gab Auskunft. Und die Einzelheiten wurden peinlich genau befolgt. Nur: Lebendiges richtet sich nicht nach geschriebenem Wort, und schon gar nicht, wenn es die Vorzüge menschlicher Zivilisation mit all ihren Bequemlichkeiten kennengelernt hat! Die Wahrheit ist, einer der beiden Gesellen ging tapfer auf Wanderschaft, der andere blieb eisern im Papphäuschen und trat in den Hungerstreik. Da er das sehr weit trieb und seinen Trotz nicht aufgab, erreichte er sein Ziel und wurde wieder zurückgeholt. Sein neuer Name „das Olgador" bedarf wohl keiner weiteren Erklärung.

Um den Hungerkünstler wieder aufzupäppeln, riet der befragte Tierarzt zur Fütterung mit der Pipette. Olgador fand, daß dies die ihm gebührende Bedienung sei. Mützle fand, es sei ein verwöhnter Pimpf und habe es wesentlich besser als sie. Die beiden Großen erzählten etwas vom „Tier und seiner menschlichen Bezugsperson" und hoben damit ihren hilfreichen Beitrag mehr auf eine geistige Ebene...

Olgador selbst schmatzte und schluckte und schlürfte und nieste, und wenn er besonders guter Laune war, begleitete er diese Äußerungen mit wohlwollendem Geschwätz.

Natürlich gewöhnte er sich schnell an solch ein Luxusleben und dachte gar nicht daran, es wieder aufzugeben.

Noch heute reckt sich sein Rüsselchen gierig der Pipette entgegen. Stellt man ihm aus Zeitmangel – das soll es ja manchmal geben – sein Futter einfach auf den Boden, so stolziert er eilig in die Schmollecke und bleibt dort, in unnachgiebiger Starre, bis man ihm reumütig die Pipette vorzeigt.

So ist Olgador ein festes Familienmitglied geworden; stachlig nach außen, freundlich im Herzen, menschlich in seinem ausgeprägten Sinn für Lebensqualität.

Ganz doll gemeldet

Manchmal passiert es mir noch im Traum, daß die Schulzeit lebendig wird und mich peinigt mit ihrer schrecklichen Waffe des Konkurrenzkampfes. Wenn ich dann erwache, brauche ich lange, um zu begreifen, daß ich die Lateinarbeit gar nicht schreiben muß, daß mich niemand zwingt, vom Zwei-Meter-Brett zu springen oder unter Wasser die Augen zu öffnen. Ich habe Herzklopfen – vom überstandenen Schrecken. Und geschwind hülle ich die bösen Erinnerungen ein in mein gegenwärtiges Glück der Freiheit, des Erwachsenseins.

Doch es ist ein getrübtes Glück, denn ich habe Kinder und kann nicht umhin, mich noch einmal für dreizehn Jahre einer gründlichen Ausbildung zu unterziehen, einem zweiten Bildungsweg sozusagen. In der Veränderung liegt der Fortschritt. Wenn das stimmt, ist dieser Fortschritt im Schulbereich ein Schnellauf; nur fehlen die jubelnden Zuschauer. Sie haben keine Zeit zu jubeln, weil sie nachmittags Aufgaben machen und abends Kurse für Mengenlehre besuchen. Bei unserem Mützle beschränken sich die neuen Mühen zunächst auf die Besorgung von Spezialmaterialien. Achtmal vergeblich jagt der vielbeschäftigte Jur in die Geschäfte für das Spezialheft einer Spezialfirma, während ich die Besorgung der Spezialknete übernehme.

Etwas unsanft geht die Ouvertüre in den Hauptteil

über. Mützle lernt über die Ganzwortmethode. Aus geheimnisvollen Gründen hat sie, die Methode, bei uns noch immer ein warmes Nest, gewärmt von fleißigen Müttern, die nachmittags ihren Kindern das einzuprägen versuchen, was vormittags den Kinderverstand allenfalls berührte. Der Abc-Schütze liest mechanisch. Wehe, man zeigt auf die Wörtchen in nicht gewohnter Reihenfolge! Dann wird aus dem „Auto" eine „Ilse", aus der „Suse" ein „wo". Armes Mützle, denke ich oft, wirst du all den Methoden standhalten und deine dreizehn Schuljahre ehrenvoll über die Runden bringen? Ich schaue sie an, beim Essen, und finde, daß sie eigentlich recht vergnügt vor sich hinfuttert.

„Mützle", frage ich, „meldest du dich denn auch schön oft im Unterricht?"

„Ja natürlich, heute hab' ich mich ganz doll gemeldet, und ich bin auch drangekommen!"

„Was hast du denn gesagt?"

„Ich hab' gesagt: ‚Frau Hof, bindest du mir bitte mal den Schuh zu?'"

Paul und Josi lachen so laut, daß Mützle bekümmert unter den Tisch rutscht, zum Kätzchen, das ihr tröstend die Hand leckt.

Die Freundin

Nach dem Mittagessen, wenn es still wird im Haus, kommt Mützle gern zu mir und erzählt das Neuste vom Tag. Heute wirkt sie besorgt und unruhig.

„Das ist nämlich das Dumme...", murmelt sie leise und zupft sich ein Stückchen Wolle aus dem Pullover.

„Was ist dumm, Mützle?"

„Das mit meiner neuen Freundin."

„Du hast eine neue Freundin?"

„Ja – vielmehr ich *hatte* eine."

„Das verstehe ich nicht."

„Aber Mama, das ist doch ganz einfach: erst hatte ich eine, und dann hatte ich keine."

„Also gut, wenn du mir die Geschichte nicht etwas ausführlicher erzählen willst, brauchen wir uns ja nicht weiter darüber zu unterhalten. So versteht jedenfalls kein Mensch, was du meinst."

„Ach du liebe Güte, jetzt bist du beleidigt. Das war nämlich so: Ich rannte in der Schule die Treppe 'runter, und da rannte ein Mädchen hinter mir her und schrie: ‚Halt‘. Dann henkelte sie sich bei mir unter und fragte mich, wie ich sie finde und ob wir Freundinnen sein wollten. Ich habe gesagt: ‚Ja‘, und wir haben uns gesagt, wie wir heißen. Sie heißt Julia."

„Und was ist daran das Dumme?"

„Das kommt ja noch, Mama, warte nur. Also nach

der Pause war ein großes Gedrängel, und da haben wir uns verloren. Und im Klassenzimmer war dann das Dumme, daß ich sie nicht mehr wiederfand, weil ich einfach ihr Gesicht nicht mehr wußte. Vielleicht ist sie auch gar nicht aus meiner Klasse.

Auf jeden Fall kann ich doch jetzt nicht zu jedem Mädchen gehen und fragen, ob sie Julia heißt und meine neue Freundin ist."

„Nein, das kannst du wirklich nicht. Aber vielleicht kommt sie eines Tages noch einmal auf dich zu."

„Das glaube ich nicht, denn sie findet sicher mein Gesicht auch nicht wieder, wir haben uns ja gar nicht richtig angeguckt, meine neue Freundin und ich."

Boxig und verlumpt

Wenn Mützle ihren Ranzen in den Windfang und das graue Lodenjäckchen auf den Schirmständer geworfen hat, wenn ihre Schuhe einzeln und umgekippt den Hausflur verunzieren, eilt sie hinauf in ihr Zimmer, um Schule zu spielen. Vierunddreißig Kartons, sauber in Hufeisenform angeordnet, sind die Schultische. Weiße Namensschildchen, mit steilen Buchstaben beschrieben, sollen der kleinen Lehrerin als Gedächtnisstütze dienen. „Freddy Frech" heißt ein Puppenbub, der krumm und lausig hinter seinem Karton hockt und dauernd grinst. Neben ihm, etwas hilflos angelehnt, hat „Bettfisch Müller" seinen Platz. Er wurde zum Enfant terrible auserkoren, denn wenn man ihn haut, tut es der eigenen Hand nicht weh; Bettfisch Müller ist ein rosafarbenes Fischlein aus Frottee. Zwei riesige braune Bären – sie wirken wie überalterte Wiederholer – machen, wie sie da so pelzig sitzen, den Eindruck absoluter Ungeistigkeit. Dennoch steckt in ihrer Pfote ein kluger Bleistift. Sie heißen Moritz und Moritza Bender. Neben Moritza sitzt eine Puppe ohne Kopf. „Geistig zurückgeblieben", sagt Josi hart, und Mützle ist einverstanden. Auf dem Namensschild steht „Elke Kopflos". Sie vergißt immer alles, ist sozusagen Repräsentant für den alten Lehrervorwurf: „Paß nur auf, daß du nicht mal deinen Kopf vergißt!" Der Platz neben Elke ist leer, weil ihre Nachbarin, ein brünettes Lockenkind, an der Tafel

steht und die Störer aufschreibt. Ein Klassenkasperle sorgt, gemeinsam mit Bettfisch Müller, für den notwendigen Unsinn. Das eine seiner schlapprigen Beine liegt quer über dem Tisch. Er heißt Andreas Seidenstoff und leistet sich alle Unarten, die sich auch der „echte" Andreas in Mützles Klasse leistet. Wenn er vor die Tür gestellt wird, kommt er durch das Fenster wieder herein. „Ich kann ihn nicht aus der Schule schmeißen, denn er ist im Telligent." (Da hat sie wohl was aufgeschnappt.)

Sie trägt eine blonde Lockenperücke, Pumps mit sehr hohen Absätzen, eine Stola um die Schultern gewickelt, und zwischen den verschmierten Kinderwangen leuchten dunkelrot geschminkte Lippen.

So hört man sie schimpfen und loben, Mut machen und Trost spenden, bis ein selbstgefertigtes „Klingeling" die Pause ankündigt. Dann stöckelt sie mühsam die Treppe herunter, bittet mich um eine Schokoladenzigarette und klagt: „Ich bin ganz erschöpft, die Klassen sind viel zu groß, ja, die Kinder machen, was sie wollen, und das Leben ist überhaupt boxig und verlumpt!"

„Warum denn das?"

„Weil meine Schüler ja in echt gar nicht denken können, weil's ja nur Puppen sind, die blöden. Jede Rechenaufgabe muß ich in echt ganz allein rechnen und denen ins Heft schreiben und jede Strafarbeit und so. Und wenn ich mit denen einen Wandertag mache, muß ich sie aneinanderbinden und hinter mir herziehen, und der Paul macht sich dann lustig und sagt, das ist eine Schülerraupe ... Mensch, Mama, da hast du's aber besser, daß du immer nur für dich allein denken mußt!"

„Meinst du?"

Die neue Schrift

Jedes der drei Kinder muß einmal in der Woche die Geschirrspülmaschine ausräumen; eine ungeliebte Tätigkeit, mit deren Ausführung reger Kuhhandel getrieben wird. Paul feilscht mit Dauerlutschern, Josi bietet ausgediente Spielsachen an. In beiden Fällen ist Mützle das Opfer, leicht bestechlich, mühelos zu überzeugen und auch ein wenig geehrt, daß die Großen überhaupt Notiz von ihr nehmen.

Erst wenn die Arbeit aktuell wird, kommt die ganze Mühsal des Lebens ihr zum Bewußtsein. „Immer ich!" Sie angelt eine Tasse heraus und trägt sie umständlich zum Küchenschrank. Da sie nicht hochlangen kann, kehrt sie noch einmal um und holt einen Schemel. „Die Josi ist gemein, und der Paul ist sowieso gemein."

„Aber du hast doch was dafür gekriegt", sage ich, um zur Erhaltung des Geschirrs ihre Laune zu verbessern.

„Aber das schmecke ich ja *heute* nicht mehr..."

„Gut, aber es war nun mal eine Abmachung zwischen euch, und du hättest dir die Süßigkeiten ja aufheben können, dann hättest du sie heute geschmeckt."

„Süßigkeiten aufheben – aber Mama?" Sie schaut mich grimmig an, ohne weiteren Kommentar.

Ächzend – und immer mit einem Seitenblick auf mich, ob ich's auch höre – trägt sie Tasse für Tasse, Teller für Teller unendlich langsam zum Bestimmungsort.

Daß ich kein Mitleid zeige, stört sie. Auch meine gleich-mütige Freundlichkeit geht ihr auf die Nerven. Sie brö-selt weiter: „... und Kinder müssen sowieso viel zuviel arbeiten."

„Aber Mützle, wo· mußt *du* denn zuviel arbeiten?"

„In deinem Haushalt und auch in der Schule."

„Du sitzt doch nun wirklich nicht lange an den Hausaufgaben."

„Nein, aber in der Schule, was wir da alles müssen!"

„Was denn?"

„Na, zum Beispiel, erst haben wir eine Schrift gelernt, und jetzt hat die Frau Hof gesagt, wir müssen schon wieder eine neue Schrift lernen."

„Eine neue Schrift?"

„Ja – die heilige Schrift oder so."

Mützle ist krank. Neben ihrem Bett steht das Weih-
nachtsglöckchen, mit dem sie mich herbeiklingeln
kann, wenn sie mich braucht. Das tut sie ausgiebig. Und
deshalb beklage ich mich.

„Mama, sei nicht so empfindlich", antwortet sie; zögernd, denn sie ist sich nicht ganz im klaren, wie ich rea-
giere.

„Ich bin nicht empfindlich, sondern ich werde müde,
wenn du mich dauernd heranklingelst!"

„Es is aber so schön..."

„Was ist schön?"

„Wenn du kommen mußt, wenn ich bimmeln tu..."

„Muß ich es denn?"

„Ja, weil du mich gekriegt hast – hättest mich ja nicht
kriegen brauchen, wenn ich dir auf die Last falle."

In ihrem rotverschnupften Gesichtchen mischt sich
Unsicherheit mit Trotz; sie möchte gern einlenken. Mit
einer großzügigen Handbewegung sagt sie: „Aber eigentlich bin ich doch gern in dieses Haus gekommen,
wenn auch der Paul oft so frech ist und mit Wachsmal-
kreide Sau auf meine Spieltafel schreibt."

Das mußte sie noch sagen, denn Pauls Frechheiten
sind für sie so überwältigend, daß sie mit der Fülle ihrer
Empörungen nur fertig werden kann, wenn sie sie
gleichmäßig in alle Gespräche verteilt.

Das Problem während jeder Kinderkrankheit sind die Schulaufgaben. Eigentlich haben sie den Rang von Störenfrieden, denn kein Anblick ist störender als der eines mißmutig vor sich hinrechnenden Kindes, wenn daneben die Ausschneidepuppen liegen, die Glasperlenketten und Bilderbücher. Aber wie so oft ist man auch hier gezwungen, sich unbeliebt zu machen und das Unvermeidliche zu verlangen. Treuer Aufgabenbringer ist Alexander, ihr Schulfreund aus der Nachbarschaft. Wichtig stapft er an mir vorbei zur Haustür herein, klein, rund, mit kurzgeschorenen Igelhaaren („weil ich immer so schwitz'") und einem zerknitterten Zettelchen in der Hand. „Los, schreib!" befiehlt er seiner Freundin und liest mit lauter, monotoner Stimme viel zu schnell Rechenaufgaben, Liederverse und Seitenzahlen vor.

„Heute haben wir auch Sexualkunde gehabt, müssen einen Aufsatz schreiben aus den Wörtern ... wo hab' ich sie denn nur?" Er kramt in seiner Hosentasche, holt einen verklebten Kaugummi, ein Stück Draht und eine Kastanie hervor. „Wo hab' ich denn die blöden Wörter? Ach hier ..." Er entdeckt sie auf der Rückseite des Zettelchens und liest: „Also, einen Aufsatz mußt du schreiben aus: Ei, Samen, Gebeermutter, Fluchtblase, Kind – tschüß, wann kommste denn wieder in die Schule?"

Er nimmt eine Faust voll Bonbons aus der Tüte, die ich ihm reiche, streichelt das Kätzchen und trollt sich.

Die Wahl

Mützles Wahl zur Klassensprecherin schlägt in der Familie ein wie eine kleine Bombe. Alle übrigen geben beim Mittagessen freimütig zu, noch nie von einer Klasse gewählt worden zu sein, geschweige denn für sie gesprochen zu haben. Und Mützle ist noch so klein, denken wir, nicht ohne Stolz. Welcher demagogisch begabte Ahnherr sich da wohl durchgesetzt hat?

Am Nachmittag erfahre ich es als erste, daß ich meinen Stolz und den Ahnherrn wieder verdrängen muß, weil Mützle mich angeschwindelt hat. „Doofe Mütze hat nicht *eine* Stimme gekriegt!" höre ich Alexander über den Gartenzaun schreien; „ich hab' wenigstens *eine!*"

„Und das ist deine eigene!" Mützle sagt es mit einem zittrigen Rest von Selbstbewußtsein. Hastig schließe ich das Fenster. – Abends, auf dem Rand des Kinderbettes, will ich den Grund für diese Erfindung wissen.

„Na ja, ich dachte halt, ihr freut euch, wenn hier mal jemand Erfolg hat. Es ist auch so zum Stolzsein, und wo ich auch nun schon mit soviel Mühe kandidiert habe…"

„Du hast kandidiert?" (Ich wußte gar nicht, daß sie solch ein schwieriges Wort kennt.)

„Klar hab' ich kandidiert, mit allem Drum und Dran, Wahlreden und so…"

„Ja um Gottes Willen, was hast du denn da geredet?"

„Ich bin auf die Mistände gekommen, zu viele Hausaufgaben, zu früh aufstehen, und was eben so alles zu den Mistständen dazugehört. Und mein Werbeknallbonbon hieß ‚Erfolg ohne Arbeit‘, das hat der Kurt erfunden."

„Ach ja", hauche ich und wünsche ängstlich, daß sie mit ihrem Bericht mehr im allgemeinen bliebe. Aber Mützle wird deutlicher.

„Ich hab' auch Wahlversprechen gemacht, für die Buben und Mädchen differenziert."

„Differenziert?"

„Natürlich, die brauchen ja ganz verschiedene Eingeständnisse."

Feige verkneife ich mir die Frage nach der Art der „Eingeständnisse", und Mützle erzählt weiter: „Aber der Josef hat eben eine lautere Stimme als ich, der traut sich soviel zu sagen, auch wenn's gar nicht stimmt. Kann spucken wie 'ne Pistole, und der sagt auch immer, man soll seine Wut an den Weibern auslassen, und tritt uns ans Bein. Jetzt darf er regieren, und alle bewundern ihn, und er kriegt ganz von selber Freunde, das ist immer so. Dem Paul gibst du auch Schokolade, nur weil er mal nicht frech ist. Ach du kannst dir überhaupt nicht vorstellen, wie das ist, wenn man keine Stimme kriegt. So, und jetzt laß mich bitte noch ein bißchen lesen, in dem Buch geht die Geschichte wenigstens gut aus, ich hab' von hinten angefangen."

Der Übrigbleiber

„Heute haben wir in der Musikstunde getanzt", verkündet Mützle beim Essen.

„Was für Tänze?" Paul gibt sich als Kenner und zählt Tanzarten auf.

„Ach das weiß ich nicht so genau – aber auf jeden Fall haben wir richtig zu zweit getanzt, immer ein Herr und eine Dame."

„Werdet schön da 'rumgehopst sein! Wer war denn vorzugsweise dein Herr?"

Mützle schweigt.

„Wohl ein großer Unbekannter ...?"

Sie schaut ihren Bruder an, als wollte sie sagen: „Du bist einfach gräßlich!"

Gleichzeitig merkt sie, daß sie ihm die Antwort nicht schuldig bleiben darf. „Mein Herr war – also – das – ich hätt' gern den Johannes gehabt als Herr."

„Ja und?"

„Ja und der hat mich einfach nicht genommen, der is zur Tanja gehüpft."

„Und wer kam zu dir gehüpft?"

„Keiner."

„O je", sagt Paul, jetzt schon etwas friedfertiger gestimmt, „das ist ja 'n Ding!"

„Und die Frau Hof hat mir dann einen von den Übrigbleibern gegeben, den kein anderes Mädchen wollte."

„Und wie hat der getanzt?"

„Na ja, wie die so tanzen, ganz ohne Takt, und er hat mich auch gegen das Schienenbein getreten."

„Warum?"

„Weil er eine Wut hatte, weil ich ihm auf den Zeh getreten bin, und er hatte doch nur ganz dünne Sandalen an. Aber ich hab' ihn ja nicht mit Absicht getreten!"

„Tritt ist Tritt", stellt Paul fest.

Mützle überhört diese kluge Bemerkung und beschließt das Gespräch:

„Jedenfalls laß ich den Johannes nie, nie mehr abschreiben, wenn er mich immer nicht nimmt."

So ein Tag

Mützle kommt eines Abends im Dunkeln nach Hause. So steht sie vor der Tür: wild begeistert, schnaufend, rotwangig und verschlampt.

„Wie schaust du denn aus? Und warum kommst du erst jetzt? Wir haben uns große Sorgen gemacht!"

„Ach Mama, es war ja *so* schön, gar nix zum Sorgen machen, wirklich nich, so was Schönes..."

Noch immer ganz hingerissen geht·sie an mir vorbei, zieht den Anorak aus und legt ihn auf das Telefon.

„Also das kannst du einfach nicht glauben, was wir Dolles erlebt haben."

„Wer ist ‚wir‘, Mützle?"

„Der Alexander und ich."

„Und was habt ihr Dolles erlebt?"

„Ich verrate es nicht gleich, ich erzähle es hintereinander, damit du lange gespannt bist. Also zuerst wollten wir nur einfach rodeln. Aber an dem Hang war's so gräßlich voll, da sind wir wieder weggegangen, an eine andere Stelle. Die war nicht voll, aber dafür hatte sie keinen Schnee, und ich mußte den Alexander bitten, daß er mich zieht. Weil er das nicht wollte, haben wir uns fast gestritten.

Aber plötzlich kam die dolle Idee. Der Alexander hatte nämlich Geld in der Tasche, und da sind wir einfach zur Haltestelle·gegangen‘ und mit dem Bus losgefahren."

„Um Gottes willen, wohin denn?"

„Einfach mitten in die Stadt. Der Alexander ist das gewöhnt, hat er gesagt."

„Aber du hättest mich unbedingt fragen müssen, Mützle!"

„Tja – dann hättest du sicher ‚nein‘ gesagt. Also mitten in der Stadt sind wir ausgestiegen. Und rate mal, wo wir hingegangen sind!"

„Vielleicht in das Spielwarengeschäft am Markt?"

„Nein."

„Oder zur Tierhandlung?"

„Nein. Du rätst es nicht. Wir – waren – bei – Woolworth!"

„Was habt ihr denn bei Woolworth gemacht?"

„Herumgegangen und geguckt."

„Und das war schön?"

„Und ob! Aber das Schönste kommt ja noch. Wir haben nämlich an einem Stand Freundschaftsringe entdeckt, aus Plastisch."

„Plastik meinst du."

„Jedenfalls Freundschaftsringe, rote, blaue, grüne, gelbe, fünfzig Pfennig das Stück. Da hat der Alexander einfach zwei rote gekauft und hat mir einen angesteckt und den anderen sich selber. Und dann hat er feierlich gesagt, daß die Ringe nie zerbrechen dürfen, weil sonst unsere Freundschaft auch zerbricht. Und Plastisch bricht doch so 'eicht!"

„Plastik."

„Jedenfalls bricht es so leicht. Mein Gott, wer hätte das gedacht, daß ich so einen wunderherrlichen Tag erleb'!"

Mehr nicht

„Wir ham in der Pause Krieg gespielt!" ruft sie atemlos durch die geschlossene Haustür, die ich so schnell nicht öffnen kann, wie es das stürmische Klingeln verlangt. „Wir haben Krieg gespielt!" Mützle drängt sich herein und schaut mich erwartungsvoll an, weil ich das irgendwie finden soll. Ich finde es gräßlich, sage aber, um nicht zu enttäuschen, ein Wort, das mein Gefühl verschleiert. Ich sage: „Donnerwetter."

Natürlich legt sie es zu ihren Gunsten aus und nimmt es froh als Auftakt zu einer lautstarken Rede, die echten Klassenhaß erkennen läßt. „Unsere Klasse hat gegen die Vorschulklasse gekämpft, erst im Spiel und dann in echt, weil wir dann wütend geworden sind, weil die so gemein geworden sind."

„Worum ging es denn überhaupt?"

„Wem der Schulhof gehört."

„Der gehört aber doch wohl allen", gebe ich zu bedenken.

„Ja, natürlich, deshalb haben wir ja auch zuerst nur Krieg *gespielt*. Wir haben den Hof mit Kreide genau in zwei Stücke zerteilt und wollten dann mit einer dollen Schneeballschlacht dem andern sein Stück erobern. Das mit dem Treffen mitten ins Gesicht war ja nicht so schlimm, obwohl ich fast weinen mußte, aber was die Vorkläßler immer geschrien haben!"

„Was denn?"

„Erstklässer, Tintenfresser, Vorschulklässer sind viel besser!"

„Ist das denn so schlimm?"

„Und ob! Die sind ja unser Parallelzweig, verstehst du? Prima Stufe zwo. Sind genauso alt wie wir und tun so, als wär'n sie was Besonderes, nur weil ihr Zweig neuer ist. Und dann haben sie noch geschrien, ihre Lehrmethode wär' besser und ihr Lehrer und so. Und auf einmal haben sie gesagt, in echt gehört der Schulhof ihnen, und sind nach vorn gestürmt – ui, war das 'n Kampf! Unsere Klasse hat aber doll zusammengehalten."

In den aufgeregten Worten höre ich das Stimmchen jubeln, weil nichts so herrlich vereint wie die gemeinsame Empörung. „Dann ist ein Lehrer gekommen, und jetzt haben alle Buben Nachsitzen."

Damit hat für Mützle die Geschichte ihr natürliches Ende gefunden. Groß schaut sie mich an, als ich weiterfrage: „Ja, wieso kriegen denn nur die Buben eine Strafe?"

„Du liebe Zeit, weil wir Mädchen gar nix gemacht haben! Nur hinterm Wall alle Schneebälle geformt und für den Kampf schön zurechtgelegt; und dann noch ein bißchen angefeuert und die Buben bewundert, wenn sie gut getroffen haben. Mehr nicht."

Kindergeburtstag

Auf halb vier sind die kleinen Gäste zu Mützles Geburtstagsfeier bestellt. Um drei kommt der erste – „weil die Mami den freien Nachmittag nützen will" –, und um fünf kommen die, deren Nachhilfestunde nie ausfallen darf.

Es schellt, die Geburtstägerin öffnet. Weiter höre ich nichts. Ich sehe nur, daß schweigend, ähnlich wie in der Gepäckabgabe, das Geschenk übergeben und angenommen wird. Man betrachtet den Geburtstagstisch, taxiert die Spielsachen, nennt Preise und besitzt zu Hause Teureres.

Vor der Haustür höre ich eine Mutter schimpfen. Sie hat Sinn für Formen und will durchsetzen, daß ihr Kind ordnungsgemäß gratuliert. Auch soll es sieben brennende Kerzen auf seinem Päckchen balancieren. Sechs fallen um, die siebte versengt die Schleife. Der konservativen Mutter entronnen, legt Susanne ihren Gegenstand wortlos aufs Klavier, begibt sich zum Tisch, nennt Preise und hat es zu Hause teurer.

Alexander legt währenddessen die Tischkarten um, weil er in der Mitte sitzen will, und Monika stellt die elektrische Pumpe des Aquariums ab. Mützle sammelt die sieben Marzipanfigürchen ihrer Torte in eine Plastiktüte, „weil Sabine immer drangeht und knabbert".

Ich stehe in der Küche und koche Kakao, eine hastige

Melodie der Fröhlichkeit auf den Lippen, die Milde in mir erzeugen soll. Als ich mein heißes Getränk einschenken will, mögen alle lieber Apfelsaft mit Sprudel. Und Alexander, der Kuchen nicht verträgt, hat Appetit auf Käsebrot.

Dann unterhalten sie sich über ihre Ballettstunden und über die Geschenke, die man bekommt, wenn man mit der Lufthansa fliegt.

Ich ordne Einwickelpapiere, seidenweiche, japanische, und denke an die zerknitterten, aufgebügelten aus der eigenen Kindheit.

Beim Topfschlagen wird gehandelt. Peter mag kein Polizeiauto, sondern lieber ADAC, weil er das in seiner Sammlung noch nicht hat. Und Christa schimpft, weil sie im letzten Jahr auch schon ein Püppchen bekam. In einem unbewachten Augenblick angeln sie sich dann die Gewinne gleich selbst aus der Tüte.

Konzentriert wickle ich mein Nonstopprogramm ab, unterstützt von der Tochter, die wie ich weiß: Wenn's eine Lücke gibt, gibt's Streit. Die Lücke meiner Abendbrotvorbereitungen stopfe ich mit dem Fernsehen. Dabei gibt es keinen Streit, weil in der Handlung gestritten wird.

Abends bringen wir die kleine Schar mit Lampions nach Hause. Scheinwerfer und Kerzenlichter huschen über abgespannte Gesichtchen. Aber meine Gäste finden: Es war ein schöner Geburtstag.

Die Mitternachts-Party

Die Kinder weinen nicht, sondern sie jubeln, als wir ihnen mitteilen, wir seien am Samstag abend eingeladen und kämen vermutlich erst spät in der Nacht nach Hause.

„Wenn wir dann allein sind – was wir da alles machen!" seufzt Mützle und marschiert mit wichtiger Miene quer durch ihr Zimmer.

„Was macht ihr denn alles?" frage ich unsicher, obwohl ich ahne, daß ich damit nur Wasser auf die Mühle gieße. Natürlich heißt die überglückliche Antwort: „Das werden wir nie im Leben verraten!"

Dann hört man sie mit der Schwester tuscheln und rumoren, und schließlich gehen die beiden, bewaffnet mit großen Plastiktüten, einkaufen.

Am Freitag ist Mützles Schweigekapazität restlos erschöpft. Nervös dreht sie an ihrem Zopf, schnappt nach Luft und stößt schließlich ihr lang gehütetes Geheimnis hervor. „Wir machen nämlich 'ne Mitternachts-Party!"

„Donnerwetter!" Ich weiß nicht recht, wie ich diese Nachricht aufnehmen soll. „Wollt ihr da auch jemand einladen?"

„Natürlich – den Kurt!"

„Ach du liebe Zeit, der Kurt ist doch erst sieben, der darf das doch gar nicht."

„Egal – wir können die Party ja auch allein feiern, die Josi und ich."

„Und wie soll die Feier aussehen?"

„Wir essen Kartoffelchips und trinken Cola, und natürlich alles um zwölf Uhr nachts, und wir tanzen ganz wild und werfen Stühle um, und der Paul darf nicht mitmachen, auch wenn er ganz doll bittet!"

Für uns Eltern wäre die Einladung recht fröhlich verlaufen, hätten unsere Gedanken insgeheim nicht dauernd das Wort „Mitternachts-Party" umkreist. Etwas früher als gewöhnlich brechen wir auf und kommen gegen Mitternacht zu Hause an. Im hellerleuchteten Treppenhaus ist nur das Ticken der Wanduhr zu hören. Auf Strümpfen, die Schuhe in der Hand, schleichen wir hoch. Im Kinderzimmer brennt noch Licht. – Vorsichtig spähen wir durch die halbgeöffnete Tür. Der Anblick, der sich uns bietet, ist nicht neu, überrascht uns aber dennoch. Tief in die Decken vergraben, gleichmäßig atmend, etwas beengt in einem Bett, schlafen die beiden Mädchen den Schlaf der Gerechten und lassen sich in dieser erquickenden Beschäftigung durch nichts stören. Stühle und Tische stehen aufrecht, die Unordnung unterscheidet sich in nichts von der, die sonst auch üblich ist.

Etwas betreten, doch lautstark versucht Mützle am nächsten Morgen, ihr Ansehen in der Familie zu retten. „Wir haben natürlich unsere Mitternachts-Party gefeiert!"

„Soo?"

„Ja – nur ein bißchen vorverlegt."

„Weil ihr müde wurdet?"

„Nee – wir wurden doch nicht müde, was denkst 'n du! Nur ein bißchen faul wurden wir, und bei dem Gewitter durfte ich mich an der Josi festhalten, und als dann das Gewitter zu Ende war, haben wir doll weitergefeiert, erst im Sitzen, dann im Liegen, und auf einmal war die Mitternachts-Party vorbei, ganz von selber."

Gute Männer sind zu teuer

Als Kind, wenn ich mein Zimmer aufräumen mußte, habe ich mir oft gesagt: *Meine* Kinder müssen später nie so etwas Scheußliches tun!

Es ist wohl besser, wenn ich diesen Vorsatz als Erwachsene nicht preisgebe, wenn ich ihn verstecke hinter dem Mäuerchen des schlechten Gewissens, mit dem ich meine Kinder tagtäglich zum Aufräumen ermahne ...

Doch was ist zu tun, wenn es sich nicht um die übliche Schlamperei, sondern um große, liebevoll aufgebaute Spiellandschaften handelt? Wenn der Rost aus dem Backofen die Gartentür ist, die zur „Familie Fetteklose" führt, wenn die Pedale des Klaviers zur Begrenzung einer Pferdekoppel dienen und die weißen Tasten als „Fußgängerzone" zum Einkaufsbummel auffordern?

Eine Mutter, die so etwas zugunsten der heiligen Ordnung zerstören wollte, käme sich herzlos vor.

Willig gehe ich in die Knie und lasse mich von Mützle über modernes Familienleben aufklären.

Nicht mehr die große Babypuppe wird gewickelt und gefüttert, sondern kleine, elegant gekleidete Püppchen, Kinder, Teens und Twens führen ein abwechslungsreiches, feudales, high-society-gefärbtes Leben. Die Damen sonnen sich in bequemen Liegestühlen, ihre Kinder springen in den Swimmingpool, die „jungen Leute" reiten auf herrlichen Schimmeln, sausen auf glitzernden

Fahrrädern oder grillen Würstchen am Campingwagen. Um den Hals einer bildschönen Schwarzhaarigen hängt die Gitarre. „Die schwärmt für den Heino, deshalb singt sie dauernd", erklärt Mützle. Fachmännisch stellt sie ihren Kassettenrecorder an, worauf ihr eigenes Stimmchen ertönt, eckig tremolierend und von dem „Klück der Liebe" berichtend. „Ich tu so, als wär' das die schöne Schwarze mit der Gitarre, verstehst du?"

Ich verstehe und werde neugierig. „Sag mal, wie heißen denn die Leute, und was tun sie den ganzen Tag?"

„Sie haben ausländische Namen, Mary, Lucie, Jeannette, Chantal, Lovery und so."

„Warum ausländisch?"

„Weil das vornehmer klingt."

„Also weißt du, Mützle, ‚Lovery Fetteklose' klingt nun wirklich nicht vornehm! Und schließlich, warum müssen sie denn vornehm sein, deine Leute?"

„Meine Güte, Mama, das siehst du doch selber, die *sind* einfach vornehm, weil die so viel besitzen!"

„Ist man vornehm, wenn man viel besitzt?"

„Ja natürlich. Aber jetzt muß ich dir noch zeigen, was sie alles tun, meine lieben Leute. Siehst du, diese Kinder tanzen und machen Kunststücker zu dem, was die schöne Schwarze singt." Mützle dreht an den Puppengelenken, daß sie knacken, und läßt die kleinen Personen tollkühne Sprünge vollführen.

„Und hier die beiden Mädchen spielen ‚Perücken abrupfen'; wer zuerst die Perücke von der anderen erwischt und ins Wasser schmeißt, hat gewonnen und kriegt ein Schlauchboot." Ein Stückchen Lockenpracht fliegt durch die Luft.

In den Liegestühlen räkeln sich vollbusige Mütter, hauteng gekleidet, und schauen gelangweilt unter seidig schimmernden Haarbergen hervor. Neben ihnen stapeln sich kleine Zeitschriften, von Mützle selber gebastelt. „Silvia streitet sich mit Carl Gustaf", steht auf der einen geschrieben, oder „Prinzessin Caroline in Not, weil ihr Verliebter sie betrügt".

Im Augenblick lesen die Damen aber nicht, weil das Dienstmädchen Sandwiches serviert.

Irgend etwas fehlt doch in diesem Puppenstaat, oder nicht? Ich denke nach, beklommen, daß ich nicht sofort darauf komme. Dann aber dämmert es mir. In der hintersten Ecke, angelehnt an einen Holzzaun, steht ein splitternackter Puppenmann mit lieblos aufgemalter Frisur. „Jawohl, Mützle, jetzt weiß ich, was hier fehlt. Das ist ja ein reiner Weiberstaat! Und der einzige Mann, den ich sehe, hat noch nicht mal eine Hose an!"

„Wozu braucht *der* eine Hose? An den Puppenmännern is das, was sie zudecken müssen, ja sowieso nie dran, leider!" Ihre Stimme klingt verächtlich.

„Muß denn unbedingt alles dran sein?"

„Und ob! Warum sollen sich denn immer nur die Frauen mit ihren Busen blamieren?"

„Na ja, es ist ja auch wegen der Kälte, daß man den Leuten Kleider anzieht..."

„In meinem Spielland ist es immer warm."

Beide hängen wir still unseren Gedanken nach.

„Ich weiß nicht", setze ich schließlich das Gespräch fort, „wovon die Frauen eigentlich leben, wenn sie weder einen Beruf haben noch einen Mann." (Der letzte Satz kommt mir mißlungen vor.)

Mützle reagiert gelassen. „Weißt du, richtig *gute* Männer sind zu teuer. Ich hab' schon oft im Spielladen danach gefragt. Und da tu' ich einfach so, als *hätte* ich Männer. Sie müssen Geld verdienen und sind deshalb dauernd weg, verstehste? Immerzu haben sie Verhandlung, auch nachts. Nur der eine, der nackte, ist zu Haus, weil er Muskeln hat."

„Wozu braucht der denn Muskeln?"

„Na – ein Mann, wenn er schon zu Hause bleiben darf und nicht für den unteren Halt sorgt…"

„Du meinst den ‚Unterhalt'."

„Also der nicht das Geld verdient, der muß doch wenigstens Tische schleppen können und Liegestühle und Eßkörbe, wenn das Dienstmädchen frei hat, und Schwimmbad saubermachen und Auto reparieren und so."

„Ach ja …" Ich habe das Gefühl, als verwandle sich für einen kurzen Augenblick die Welt des Spiels in eine Welt der Spiegel, ein wenig verzerrt freilich, aber doch recht deutlich erkennbar. Frauen tauchen darin auf, die ihre kostbare Haut zur Sonne tragen, Kinder, die sich teuer amüsieren, irgendwo ein namenloser Mann, der Stühle schleppt … Und natürlich erscheint das Gesicht der Esther Vilar, und ihre Stimme frohlockt:

„Siehst du, ich sag's ja, selbst eure kleinen Mädchen sehen in den Männern, diesen wunderbaren Träumern, nichts anderes als Geldschränke, Lastesel, Knechte!"

Erleichtert nehme ich zur Kenntnis, daß jemand die Haustür aufgeschlossen und den Windfang betreten hat. „Bist du es, Jur?" Er ist es, und er sieht vergnügt aus. Gott sei Dank!

Samstagmittag, wenn alle anderen schläfrig sind, eilt Frau Haspel in die Küche, um Weihnachtsplätzchen zu backen. Auf dem Rezeptbuch steht geschrieben: „Bakken bringt Freude." In der Gewißheit, daß Bücher nie lügen, trifft sie schwungvoll ihre Vorbereitungen, schiebt sich auf den Knien in das unterste Fach des Küchenschrankes, um ganz hinten die Teigrolle zu suchen und die kaputten Förmchen. Nur noch der Stern ist verwendbar und ein Herz mit Knick. „Weißt du noch, wie du voriges Jahr darauf herumgestiegen bist?" fragt Mützle so penetrant genau, wie Kinder nur fragen können. Frau Haspel brummt irgend etwas und bittet sie, nicht wieder soviel Teig zu essen wie gewöhnlich.

„Is schon gut", murmelt Mützle und wartet unverhohlen gierig auf den ersten Pamps. „Sieht der liebe Gott, wenn ich heimlich Teig esse?"

„Vielleicht."

„Und ist er dann traurig, weil er nicht so was Gutes kriegt?"

„Och, ich glaube nicht." Frau Haspel läßt die Rührmaschine auf Hochtouren laufen, um Mützles weiteren Fragen zu entgehen. Daß sie damit keinen Erfolg haben würde, hätte ich ihr gleich sagen können.

Mützle macht sich nun mit doppelter Lautstärke verständlich. So hört man die beiden schreien und rumoren, bis sich auch das letzte Restchen von Schläfrigkeit im Hause verflüchtigt hat. Als dann die Düfte durch das Haus ziehen, wird es in der Küche wohltuend still.

„Au wei, Haspel, guck mal, wie die Plätzchen ausse-hen, die ich gemacht hab'", höre ich Mützle sagen. „Vielleicht waren meine Hände nich so sauber, jeden-falls auf *so* eine Plätzchenfarbe wäre der liebe Gott si-cher nicht scharf!"

Wie war es früher?

Alle Eltern dieser Welt werden die gleiche Erfahrung machen: Für unsere Kinder sind wir uralt. Mit unserem wahren Alter hat das wenig zu tun. Es reicht ihnen, daß wir ein „Früher" besitzen, und sie dehnen es beliebig aus, wenn es sein muß, bis zur Steinzeit. „Habt ihr früher auch schon in Häusern gelebt?" Solche Fragen stellt Mützle gern.

„Ja wo denn sonst?"

„In Höhlen oder so …"

„O Mützle!"

Wenn es zu Hause besonders schön und rundherum reichhaltig ist, etwa am Weihnachtsabend, wenn der Vater Zeit hat, neues Spielzeug zu reparieren, und die Mutter Babypuppen wickelt, dann will Mützle hören, wie es früher war. Es sollen aber, damit sie wohlig erschauern kann, erlebte Geschichten von der Armut sein. „Gell, ihr habt als Kinder im Krieg nix zu Weihnachten gekriegt, nicht mal ein Plätzchen …?" heißt die erste Frage, und sie schaut uns ermutigend an mit dem wissenden Blick dessen, der die Geschichten alle längst kennt und deshalb den Erfolg garantieren kann.

„Jur, du mußt erzählen von der Wassersuppe, für die du fünf Stunden gelaufen bist!" Aber der Jur mag nicht. „Mama, dann erzähl du doch bitte die Schigeschichte!" Die Mama mag auch nicht, aber da sie die Story inzwischen auswendig kann, gibt sie nach und erzählt:

„Als ich neun war, wünschte ich mir zu Weihnachten sehnlichst ein Paar Schier…"

„… Aber es war Krieg und gab keine!" stöhnt Mützle.

„Ja, es war Krieg, und das einzig Hölzerne, was bei uns herumlag, war ein Häuflein Baumäste für den Ofen und vier Bohnenstangen für die Bohnen…"

„… beides von deiner Mutter gehütet wie das Ei von der Glucke."

„Ja, Mützle, aber nun rede mir nicht immer drein. Also weiter: Jeder durfte nur *einen* Wunsch aufschreiben. Das war ein großes Wagnis, denn wenn der nicht erfüllt werden konnte, war das sein Pech, und es gab nichts als Ersatz.

Ob ich wirklich bei meinem Wunsch bleiben wolle, fragte mich meine Mutter, und über ihrer Nase bildeten sich zwei Sorgenfalten, die wir Kinder ‚Kriso' nannten."

„Das ist eine Abkürzung von Krieg und Sorge", flüstert Mützle.

„Ja. Also ich blieb natürlich bei meinem Wunsch, und von da an begann wieder, wie jedes Jahr, die Zeit des Hoffens, Zitterns, Zagens und schließlich wieder des Hoffens, denn man ringt sich ja immer zu dem durch, was einem das Liebste ist.

Weihnachten rückte näher, daran konnte auch Kriso nichts ändern. Geheimnisvolles Getuschel zwischen den Erwachsenen fiel leider weg, weil meine Mutter niemanden zum Tuscheln hatte: ihre Putzfrau war sie selber, und unser Vater bekam keinen Urlaub vom Krieg. Trotzdem blieb der Abend des vierundzwanzigsten Dezember nicht ohne Geheimnis … Im Ofenzimmer raschelte und plumpste es, und wir hofften, daß es nicht der umkippende Weihnachtsbaum wäre…"

„… deine Mutter hatte immer Schwierigkeiten mit dem Ständer, gell?"

„Ja, das hatte sie. Aber dann hörten wir, wie sie ‚klingelingeling' sang (die Tonglocke war schon seit Jahren kaputt), und das hieß, wir durften hereinkommen. Unser Lied hatte dieses Jahr nur drei Strophen, und mein Bruder blieb bei der Weihnachtsgeschichte, die er aufsagen mußte, schon ziemlich früh hängen. Das verkürzte natürlich unsere Wartezeit. Ich begann nach den Schiern zu suchen, auf dem Fußboden –"

„Nichts!" (Mützle schaudert.)

„Ja, der Fußboden war leer. Ängstlich ließ ich meinen Blick Meter für Meter an den Wänden entlanggleiten – nichts – nichts – da! Ja was war denn aber das? Da stand wahrhaftig ein großer brauner Schi, ein einzelner, lehnte an der Wand, neu, dunkelbraun und einzeln. Und meine Mutter sagte, der Tischler habe nicht genügend Holz für zwei gehabt. Ich war so verdattert, daß ich nicht einmal heulen konnte –"

„Aber eigentlich, Mama, hättest du auch nur mit *einem* Auge heulen dürfen, weil du *einen* Schi ja gekriegt hast. Aber weißt du, was schrecklich gewesen wäre?"

„Was denn?"

„Wenn du zum Beispiel nur einen *Schuh* gekriegt hättest – dann hättest du in die Schule *hüpfen* müssen oder auf Stelzen laufen, ach du liebe Güte! Aber eigentlich war das mit dem Paul, als er mir die Räder vom Puppenwagen abgeschraubt hat, genauso schlimm – da habe ich auch die Armut gelernt…"

Der Zirkus ist da

Das runde blaue Zelt auf der zertretenen Wiese lockt schon von ferne Kinder an und alle, die sich gerne an die Kinderzeit erinnern. Natürlich – so war das ja auch früher: Bretterbuden, deren finster blickende Papptiere um ein Gruseln bitten, braungebrannte Männer, schnauzbärtig, mit geöltem Haar, das sich smart im Nacken kringelt, schwarzmähnige Damen, ebenso temperamentgeladen wie grell gekleidet.

Am Eingang steht ein Uniformierter mit Glitzerknöpfen, der unverdrossen Karten reißt und Menschen zählt und wieder Karten reißt. Hinter seinem geheimnisvollen Lächeln, das routiniert ins „Land der Illusionen" führen soll, zeigt sich die Müdigkeit des Rentners.

Der weiche Boden aus Sägespänen, ein überlautes Orchester, das mit blechern pulsierenden Evergreens den Besucher zum Mitsummen verlockt, die Holzbänke und hellen Lampen ... So soll es, bitte, immer bleiben!

„Kommen Sie in die bunte Welt der Manege!" ruft der weltgewandte Ansager, der zwischendurch auch noch als Zauberer fungiert und zwei zerfranste Tauben in ein Pudelchen verwandelt. Ein Muskelmann knallt mit der Peitsche; irgendwo wackeln Scheinwerfer. Ponys traben herein, eine rote Papierrose in der gelockten Mähne. Melancholisch (oder stumpf?) drehen sie sich im Walzertakt, wobei sie rhythmische Genauigkeit dem

Zufall überlassen. Eines benimmt sich störrisch; es tanzt erst, wenn es vom Peitschenknaller Zucker kriegt. „Wie die Frauen", meint der Ansager. Er weiß eben Bescheid.

Kamel und Dromedar steigen durch die Arena, beflügelt von der Erhabenheit elitären Bewußtseins und von heißer Wüstenmusik. Ein Eselchen versucht sich mühsam zu behaupten im Schatten seiner höckerigen Kollegen; der rote Hut paßt zu den grauen Schläfen! Jetzt dröhnt der Boden von den Säulenbeinen junger Elefanten. Der größte trägt die Verantwortung. Er schaut vernünftig drein, soweit man seine winzigen Augen überhaupt entdecken kann. Der dritte ist das enfant terrible. Er trompetet, wenn sich die Musik im pianissimo um zarte Stimmung müht. Das Elefantenbaby beruft sich wohl auf seine Jugend, denn die Leistungen sind durchaus beschränkt. Eifrig saust es hinter der Mannschaft her, um nicht den Anschluß zu verpassen. Und während die vier größeren artig ihre Rüssel kringeln, bleibt seine einzige Darbietung die große rote Seidenschleife am borkigen Hals.

„Weißt du, wieviel Sternlein stehen?" säuselt das Saxophon und lenkt die Blicke der Staunenden zum Zelthimmel, wo unter nervös huschenden Lichtern die „Lunas im silbernen Mond" schaukeln: eine wunderschöne Dame in phosphoreszierendem Rosa, die „schicke Gloria" heißt, und ihr Partner Ivan, nicht schrecklich, aber stark und tollkühn.

In der Pause sucht ein alter Sanitäter nach den Opfern der drückend schwülen Luft. Aber welcher Zuschauer will angesichts der artistischen Leistungen einfach um-

kippen? Nein, man hält aus und lacht über den Clown Charly, der die halbierte Geige drangsaliert. Über seiner viel zu breiten Jacke leuchtet das kalkweiße Gesicht mit der silbernen Träne.

Nichts hat sich geändert für die Großen. Für die Kinder aber ist das Erlebnis neu. „Das war viel, viel schöner als ein Zirkus im Fernsehn", schwärmen sie auf dem Heimweg, „der Clown hat uns ja ganz echt naßgespritzt!"

„Und es war auch klasse", kräht Mützle, „daß die Mama hier mal *nicht* den Ton auf ‚leise‘ stellen konnte!"

Fastnacht der Kinder

Zuerst sehen alle noch ganz manierlich aus, wenn sie unser Haus stürmen, um Fastnacht zu feiern.

Pistolenschüsse künden Gefahr an, und ich begreife: der Träumer Andreas: ein Cowboy, Alexander: ein Cowboy, Stefanie: ein Cowgirl mit gefranstem Rock (weil der blöde Bruder die Cowboyhose braucht). Der winzige Frank, fünf Jahre alt, hat sich zu einer Variante des Kampfgeistes entschlossen: er ist Sheriff, und zwar einer, der überwiegend aus Hut besteht, woran ein vom letzten Jahr arg mitgenommener verbeulter Stern baumelt.

Um ihre sogenannten Taillen tragen sie patronengespickte Plastikgürtel – und sie tragen schwer daran! Wo der anatomischen Unvollkommenheit fehlender Hüften nicht mit heimlichen Schlaufen abgeholfen wurde und wo die Streiter im heißen Gefecht vergessen, den Gürtel unbemerkt festzuhalten, rutscht er einfach zu Boden und zwingt seinen Besitzer, unehrenhaft wie aus einem Kinderställchen herauszusteigen. Da der Sheriff darüber lacht, gibt es Tränen. Mützle, die als „wilder Geist" unter einem Bettuch daherstolpert, ist empört. „Du brauchst gar nicht zu lachen, wo *dein* Patronengürtel an einem Hosenträger hängt!"

Die Freundin Cornelia ist frühreif und spielt verführerische Tänzerin. Um ihre mageren Beinchen kringeln

95

sich faltenreiche Nylonstrümpfe von der Mutter, und unter dem Tüllwunder Rock blitzt ein rotes Höslein. „Die hat ja einen Affenhintern!" kreischt einer der Cowboys und feuert gleich eine Salve von Zündplättchen in die Richtung des so degradierten Körperteiles ab; natürlich schießt er „aus der Hüfte". Cornelia hört zu tänzeln auf. Es ist sowieso zu anstrengend, dauernd zu verführen. Man wirft schließlich nicht seine Perlen vor die Säue. Lieber ißt sie Bonbons und läßt Luftballons platzen.

Manche Mütter wollen die Verwandlung stilvoll, mit literarischem oder musikalischem Thema, und schicken ihre Kinder bilderbuchgerecht bis ins Detail verkleidet. Pippi Langstrumpf, das vielbeneidete Kind der Freiheit, schaut ganz besonders grämlich drein. Sie schwitzt unter dem wolligen Drahtgeflecht ihrer abstehenden Zöpfe und stößt aus Versehen überall an. Auf ihrer Schulter mopst sich der Stoffaffe, rutscht dauernd ab, bis sie ihn ärgerlich in die Ecke legt. Auch der gestreifte Wollstrumpf macht Kummer, weil er kratzt und außerdem sein Gummiband nicht hält. Am wütendsten aber ist sie über die unmäßig großen Schuhe ihres Vaters, die nun mal zum Image des befreiten Kindes gehören und deshalb streng anbefohlen werden. So schlurft sie halt und meidet Treppen. Wolfgang, aus musikalischem Hause, muß „Papageno" spielen. Nicht das komplizierte Gewand stört ihn, sondern die Flöte, diese gräßliche Stange, die er dauernd halten muß! Doch bald kommt er auf die gute Idee, sie als Waffe zu benutzen oder des Sheriffs Hut darauf aufzuspießen.

Und so lösen sich denn auch die anderen „Themen"

mühelos auf. Während alle Kinder in Sekundenschnelle zum Toben übergehen, sammeln sich in den Ecken väterliche Schuhe, Patronengürtel, gestreifte Strümpfe, Spitzenschuhe, ein riesiger Hut und ein verlorener Stern. Wolfgang dagegen hat Kakao in die Flöte gegossen; jetzt pfeift sie nur noch auf dem letzten Loch.

Malzbier und Kokotten

Im Frühling erwacht die Initiative. Es wird geplant, verworfen und wieder geplant. Dieses und jenes soll sich ändern, auf jeden Fall aber soll irgend etwas geschehen!

So nehme ich mir vor, meine beiden Töchter einmal zum Mittagessen auszuführen. Verzückt schließe ich die Augen und denke darüber nach, wie wir drei, hübsch angezogen, nach einem Stadtbummel ein feines Lokal betreten und uns dort den raffiniertesten lukullischen Genüssen hingeben würden.

Der Vorschlag wird freundlich akzeptiert.

Als der Tag herangerückt ist und die Kinder in poppig bemalten Jeans – „Love" steht auf Josis einem Hosenbein – und fransigen Hängepullovern vor mir stehen, sage ich mir tapfer, „das ist halt ein Generationsproblem", und verschlucke alle Einwände.

Nach einem sehr verkürzten Bummel – Mützle findet das Geschäftegucken langweilig – betrete ich als erste das Lokal, gefolgt von zwei mißtrauisch dreinblickenden Töchtern. Mützle meint, die eckigen Tische seien aber komisch, der runde Tisch zu Hause sei viel stinkgemütlicher. Josi, an sozialem Ideengut schwer schleppend, darf eine solche Stätte des Genusses wohl schon im Prinzip nicht anerkennen. Doch beide haben Hunger, und es duftet auch so gut!

Nach ihren Wünschen befragt, legen sie die Speisenkarte beiseite und geben dem Kellner klare Auskunft. Josi bestellt Pommes frites mit Cola, Mützle möchte Nudeln und Malzbier.

Ich vergrabe mein heißes Gesicht tief in der Karte, um den Kellner nicht anschauen zu müssen, bestelle irgend etwas Teures, um das töchterliche Defizit auszugleichen, und sehe nun dem weiteren Geschehen nicht mehr ganz so gelassen entgegen wie zu Beginn der Unternehmung.

Noch einmal tritt der Kellner heran, spricht mit leichter Verbeugung: „Leider kann ich dem jungen Fräulein heute nicht mit Pommes frites dienen. Der Küchenchef hätte aber erstklassige Kroketten anzubieten…"

„Du meine Güte, wie komisch", flüstert Mützle, „Kroketten sind doch Frauen, die immer mit Männern schmusen…"

„Du meinst Kokotten", belehrt Josi, und ich zittere darum, daß der Kellner diese Unterhaltung nicht gehört haben möge. Daß sich kurz darauf ein Glas Malzbier über den Tisch ergießt, ist die Schuld des viel zu weiten Pulloverärmels. Mützle legt ihre Serviette über den Schandfleck. „Das ist *kein* Generationsproblem", denke ich und erinnere mich lebhaft an die eigene Kindheit. Doch ist mir immer noch glühend heiß.

Alles geht vorüber. Auch der Frühling und die Initiativen. Eigentlich ist ein Mittagessen zu Hause, ohne Kokotten und Malzbier, etwas außerordentlich Beruhigendes!

„Klasse, daß ihr endlich mal angezwitschert seid", sagt Paul zu den Großeltern und löffelt weiter seine Suppe, mit aufgestütztem Arm. Ich überlege, ob ich mich wegen des „Zwitscherns" oder des schlechten Benehmens ärgern soll. Während ich in der Soßenschüssel nervös nach dem Lorbeerblatt angle (gewöhnlich finde ich es sofort!), rüsten sich meine Kinder zu weiteren Wortspielen; und dabei waren sie vorher so dringend gebeten worden, dies in Anwesenheit der Gäste zu unterlassen.

„Mann", fährt Paul, dem Großvater zugewandt, fort, „du hast einen schnatzen Flitzer – nur der rechte Kotflügel ist im Eimer – bist wohl mal einsam wo gegengebolzt?"

„Großpapa bolzt nirgends gegen", beschwichtigt Josi, „du hast doch eben erst in der Glotze gesehen, wie so was auch ohne eigene Schuld passieren kann."

„In der Glotze ist doch alles knackig verfremdet…" Paul will offenbar seine Lust am Reizen mit Imponiergehabe mischen. Und so mischt er weiter: „Das ist doch nicht die Possibility, wie diese Witzknochen in der Werbung mit der Anfälligkeit der Artgenossen ihr Play treiben. Und mein Schwesterchen fällt natürlich drauf rein."

„Wer hat dir denn *den* Knopf an die Backe genäht?" höhnt Josi, „du stehst ja schließlich auch auf grelle Puppen, oder ist das etwa nicht echte Werbung, wenn die so poppig über die Rennbahn eiern und dir die erogene Denkschraube ansägen?"

Der Großvater – bis dahin hat er hilflos gelächelt – sagt endlich, was er sagen muß: „Was macht ihr eigentlich aus unserer Sprache? Was sind denn das für schauderhafte Wortgebilde?"

Das soeben gesichtete Lorbeerblatt entgleitet meinem zitternden Löffel und taucht wieder unter.

„Unsere Enkelkinder sind nun mal auf zack!" Kam das nicht von der Großmutter Emma? Wie gütig sie ist! Und versöhnlich fährt sie fort: „Fein, daß ihr so tüchtig Salat eßt." Sie ist Reformhäuslerin und freut sich von Herzen über Rohkost.

„Ich werde mal Vikarin." Was sagt Mützle da? Es klingt wie der verkehrte Einsatz einer Solotrompete im Orchester.

„Was wirst du?" fragt Paul.

„Ich kaufe mir Gemüse und werde mal Vikarin."

„Gemüsepfarrer?" Paul schaut seine kleine Schwester verständnislos an. Die aber bleibt eisern auf dem eingeschlagenen Weg.

„Und Katzenfleisch tät' ich schon sowieso nicht essen..."

„Wer redet denn von Katzenfleisch?" Paul tippt ihr jetzt an die Stirn.

„Ach du liebe Zeit, jetzt weiß ich, sie meint Vegetarierin!"

Mit dieser Erkenntnis hat Emma ihr Enkelkind vor den Tränen bewahrt, die sich schon heimlich versammeln wollten. Zum Dank richtet Mützle das Wort an sie: „Stimmt's, Emma, daß du bei dir daheim sogar Blumen ißt?"

„Ich verstehe nicht…"

Paul fällt noch etwas Besseres ein: „Wir regeln die Vitaminpsychose im allgemeinen mit Tabletten, aber euch zu Ehren soll's heute mal fruchtig im Kiefer knakken…"

„Mein Gott!" Zu meinem Entsetzen schlägt das Fahrwasser der Kinder plötzlich über mir selbst zusammen. Ganz willenlos sage ich: „Bei euch wackelt's ja heute ganz irre in der Dachschräge!" ´

Und weil ich weg sein will, am liebsten unsichtbar, tue ich so, als fehle etwas Wichtiges auf dem Tisch, und stecke den Kopf tief in die Küche. Wenn das Fenster, das zu solchen Zwecken dient, nur nicht „Durchreiche" hieße!

Höflichkeit

Sie ist auf ihre Weise höflich. Ich muß das so verschlungen sagen, weil sich Mützles Handlungsweisen, soweit sie auf dem Gebiet der Höflichkeit stattfinden, jeder Norm entziehen. Dabei hört sie sich meine Verhaltensmaßregeln immer sehr geduldig an, zwirbelt an ihrem Mozartzopf herum, zieht mit der Sandale gedankenvolle Kreise. Was sie dabei denkt? Wer weiß es!

„Du hast heut' aber ein schönes Haar an", sagt sie freundlich zu ihrer Lehrerin, wenn sie ihr auf der Straße begegnet. Sie macht auch ihren Knicks. Die Sache wird erst kritisch, wenn sie sich anschließend auf dem Absatz umdreht und der Lehrerin schweigend nachstarrt. Mein verschämtes „Das-tut-man-nicht" filtert sie in ihren Ohren so, daß sie zwar das Hinterherstarren aufgibt, sich aber doch noch lange Zeit in Lobsprüchen über das schöne Haar der Lehrerin ergeht.

Sind Gäste im Haus, so sorgt Mützle für Überraschungen, die sich auf meine Nerven wie kleine elektrische Schläge auswirken.

„Verdammt noch mal!" schimpft sie bei Tisch, wenn ihr eine Nudel entgleitet. Durch den irritierten Blick des Gastes – einer Dame alter Schule – fühle ich mich zur Korrektur verpflichtet, obgleich mir das wie ein Sprung ins Ungewisse vorkommt.

„Aber Mützle, du wolltest sicher sagen: ‚Zu dumm' …"

Sie schaut mich groß an: „Nein, ich wollte sagen: ‚Verdammt noch mal'."

Gäste sind für Mützle nicht normale Menschen mit persönlichen Wesenszügen, die man mag oder auch nicht, sondern sie sind eine Menschengattung. Ihr Merkmal: sie kommen, belegen die Mutter mit Beschlag und sitzen auch noch im Wohnzimmer, wenn die Fernsehkinderstunde längst begonnen hat.

„Es ist jetzt fünf, ihr müßt jetzt bitte gehen", sagt sie, und ihre Augen füllen sich mit Tränen, weil sie sich der Härte ihres Vorgehens bewußt ist. Die Gäste bleiben, Mützle geht in den Garten, setzt sich auf die Schaukel und weint. „Es ist ein boxiges und verlumptes Leben, weil immer nur die Erwachsenen zu bestümmen haben", schluchzt sie noch am Abend im Bett.

„Aber du hast doch eigentlich auch eine Menge zu bestimmen", gebe ich zu bedenken, „zum Beispiel wann deine Katze zu fressen kriegt, wann sie abends ins Haus geholt wird. Und wenn du nachmittags mit deinen Freundinnen spielst, muß sich die Katze ja auch bescheiden und wird nicht soviel von dir gestreichelt wie sonst. Was würdest du denn sagen, wenn sie nun plötzlich aus lauter Wut deine Freundin kratzte, damit sie endlich geht?"

„Ich habe deine Gäste ja nicht gekratzt."

„Aber mit deinen Worten hast du sie gekratzt."

„Huch – ham die jetzt ein Ratzer irgendwo?"

„Ach Mützle, du *willst* mich ja nicht verstehen; Worte können doch auch weh tun, ohne daß man irgendwo einen Ratzer abkriegt!"

Das Gespräch wird ihr mulmig, aber sie gibt noch

nicht auf. „Und außerdem will meine Katze ja nicht Kinderstunde sehen und so …"

„Das nicht – aber sie hat es natürlich auch lieber, wenn du dich ganz allein um sie kümmerst und nicht um deine Freundinnen. Und außerdem will ich halt, daß du ein höfliches Mützle bist."

„In meiner Klasse sind die Buben auch nicht höflich, sie treten ans Bein."

„Ja und? Findest du das schön?"

„Nee."

O je

Sie trägt drei gezuckerte Gummiuhren an jedem Handgelenk, eine Kette aus Bonbons um den Hals, und das kleine Gesicht ist gezeichnet von den Spuren schwarzer Lakritzstangen. So kommt sie von der Schule, glücklich, satt und zu spät.

„War ja mein Taschengeld", sagt sie vorwurfsvoll, um meine Vorwürfe rechtzeitig zu schwächen.

„Und warum kommst du zu spät?"

„Weil es ein Gedrängel gab am Kios und weil der Kiosmann seine Sachen nur verkauft, wenn es kein Gedrängel gibt; der braucht Höflichkeit."

„Aber *mir* gegenüber bist du ruhig unhöflich, ißt dich vor dem Mittagessen satt und läßt mich obendrein noch warten! Der Mann vom Kiosk ist da wohl wichtiger."

„Na ja", brummt sie verlegen und zupft an der Kette, „der hat ja Süßigkeiten…"

Aus Ärger, daß mich diese Wahrheit überzeugt, werde ich pädagogisch. Mein Vortrag über Höflichkeit dauert lang. Ich rede laut und wortgewaltig. Auch bin ich darauf bedacht, mit farbigen Beispielen höflichen Benehmens die Anschaulichkeit zu steigern.

Daß mein Opfer dies alles klaglos erträgt, kann nur mit seinem angenehm gefüllten Magen zusammenhängen. Und der milde Gesichtsausdruck läßt auf Ermüdung schließen.

Macht nichts, denke ich energisch, Hauptsache, wir sind einen Schritt weitergekommen!

Dann ziehe ich den Schlußstrich mit einer Frage, deren Einfachheit die richtige Antwort und damit unsere Versöhnung garantieren soll.

„Was tust du, wenn einer Dame etwas herunterfällt?"

„Ich sage dann: ‚O je!'"

Das Geheimnis

Flör, der Vetter, kann sich nicht beruhigen. Mützle hütet ein großes Geheimnis, und sie vertraut es ihm nicht an. Beim Spielen hat sie davon erzählt, ganz nebenbei; aber wie das saß! Es wird zum Thema des Abendessens.

„Ein Geheimnis ist ja dafür da, daß man's nicht sagt." Mützle betont jedes Wort dieses inhaltsschweren Satzes, schaut siegessicher in die Runde.

„Na ja", meint Josi, „immerhin hättest du ihm ja nichts davon zu erzählen brauchen!"

„Er hat einfach an meinem Tagebuch 'rumgelabbert, und da mußte ich was sagen, weil ich ja nicht wollte, daß er das Geheimnis liest."

„Wird 'n dolles Geheimnis sein!"

So kann nur Paul reden. Mützle überhört ihn, aber die ganze Situation wird ihr allmählich unangenehm. Sie beißt ein großes Stück von ihrem Brot ab, schüttet Milch hinterher und kämpft mit den Tränen.

Ganz leise sagt sie mir am Abend, was es mit dem großen Geheimnis auf sich hat. „Ich hab' gar keins."

„Was hast du nicht?"

„Kein Geheimnis."

„Was denn sonst?"

„Nix – einfach nur ein Tagebuch und kein Geheimnis. Erzählst du's jetzt allen?"

„Nein, natürlich nicht."

„Also das begab sich nämlich so: Ich hab' den Schlüssel vom Tagebuch verloren, und da mußt' ich doch so tun, als hätt' ich ein Geheimnis drinstehn, damit der Flör das mit dem Schlüssel nicht merkt..."

Kleine Eva!

Unser Spaziergang

Ich gehe gern mit Mützle spazieren. Sie hüpft vor mir her, hüpft vor und zurück, hat die Kraft und Lebendigkeit eines jungen Hundes.

Wenn es dämmert, nimmt sie meine Hand. „Mama, gell, du stirbst nie?"

Es ist ein Thema, das sie sehr beschäftigt.

„Jedenfalls noch lange nicht", beruhige ich.

„Nein, du sollst *nie* sterben!"

„Du, wenn ich sehr alt bin und nicht mehr so gut laufen kann, dann bin ich vielleicht auch müde vom Leben und ruhe mich ganz gern aus…"

„Aber im Himmel sitzt du doch dann nur 'rum und langweilst dich – oder guckst du von dort immer zu, was ich mache?"

„Ich weiß es nicht so genau, aber ich glaube, 'rumsitzen muß ich nicht."

„Gehst du auf 'ne Wiese und hüpfst?"

„Ich glaube nicht, daß es im Himmel Wiesen gibt, Mützle."

„Na ja, oder auf die Straße; aber jedenfalls: Kannst du dann *hüpfen?* Bist du dann wieder jung?"

„Vielleicht bin ich dann so, wie ich gerne sein möchte."

„Mittelalt?"

„J…ja."

„Und kriegst du auch Tee im Himmel?"

„Das weiß ich natürlich auch nicht."

„Gell, Mama, wenn man alles wüßte, wie's nach dem Totsein ist, wäre ja auch der ganze Witz weg."

„Hm."

„Wo du doch Tee so schrecklich gerne trinkst... Ob der liebe Gott deine Sorten kennt?"

„Ich glaub' nicht."

„Du, ich leg' dir deine Teesorten ins Grab – au ja!"

„Aber Mützle, ich möchte eigentlich viel lieber hier mit euch Tee trinken."

„Meistens trinkst du ja nicht mit uns, sondern nur mit dem Jur." (Das muß unbedingt mal gesagt werden.) Trotzdem hält sie eisern ihr Fädlein fest. „Hast du dann Hörner, wenn du tot bist?"

„Ob ich *was* habe?"

„Hörner."

„Wie kommst du denn darauf?"

„Der Alexander hat gesagt, die Seele ist ein weißes Ding mit zwei Hörnern."

„Wie die Seele aussieht, Mützle, weiß niemand, auch der Alexander nicht."

„Ich dachte nur – es ist auch so komisch: ein weißes Ding mit Hörnern..."

Sie versinkt in nachdenkliches Schweigen, und ich finde, ich habe Ruhe verdient.

Mach dir nur keine Sorgen

Es gibt Tage, da verabreden sich alle nur möglichen Schwierigkeiten miteinander, geben sich die Hand und bilden einen undurchdringlichen Kreis. Genauso geht es uns, als ich mich, blinddarmgeplagt, innerhalb weniger Stunden in ein Krankenhaus begeben muß. Das häusliche Durcheinander gleicht einem abbruchreifen Rummelplatz. Mützle liegt auf dem Bett und schluchzt, Paul klagt über ein großes Loch in seinen Jeans (und er kann nur *diese* Hose tragen!), Josi versteht Mathe nicht und schreibt morgen eine Arbeit. Meine Nachbarin ist verreist und ihr Hund in meiner Pflege, Frau Haspel hat Urlaub, um ihr neues Enkelkind zu betreuen; Großmutter Emma kränkelt. Wenn ich nun noch darüber nachdenke, daß für Jur in dieser Woche lange Sitzungstage auf dem Programm stehen, möchte ich am liebsten in einen Dauerschlaf versinken, um aller Verantwortung zu entkommen.

Aber man weiß ja, wie das ist mit solchen Wünschen: je sehnsüchtiger sie empfunden werden, desto weiter entfernt sich ihre Erfüllung. Also mache ich mich, hellwach den häuslichen Verlauf der kommenden Tage voraussehend, ans Kofferpacken, schreibe zwischendurch unzählige Merkzettelchen für jedes Kind und lasse in der Küche einen Schokoladenpudding – er war als Mittagessen für den nächsten Tag gedacht – anbrennen.

Der Geruch davon muß noch in meinen Haaren hängen, als ich spät abends in mein hohes Krankenhausbett klettere, denn die Schwester bemerkt schnuppernd: „Ach, das Gewürz der Seligen..." Wäre das nur mein einziger Kummer!

Ich schaue zum Fenster hinaus in einen dunkel bewölkten Sommerhimmel und versuche angestrengt, angenehme Träume zu erfinden. Da schnarrt das Telefon ganz leise, und ich höre Mützles Stimme piepsen. „Mama, geht's dir gut, was macht dein Blutbild? Der Jur ist da, und wir spielen Monopoli, und ich hab' ein Hotel gekauft, und wir haben viele Plätzchen und Schokoladenstücker in die Salatschüssel geschüttet, das schmeckt doll, mach dir nur keine Sorgen."

Alle sagen mir den letzten Satz, der Reihe nach, offenbar von Jur befohlen. Doch ich klammere mich daran fest und verbringe deshalb eine erträgliche Nacht.

In den Tagen nach der Operation mache ich es mir zum Rezept: Alle guten Nachrichten registrieren und so aufbauschen, daß die schlechten darin ersticken. Wenn Mützle mir erzählt, Jur habe heute morgen vergessen, ihr einen Rock anzuziehen, und so sei sie in Strumpfhosen zur Schule marschiert, befehle ich mir große Freude darüber, daß sie überhaupt regelmäßig die Schule besucht.

Bald darf ich zum erstenmal meine Familie empfangen.

Ein dünnes Klopfen, kaum hörbar – Jur und Mützle

schieben sich zaghaft zur Tür herein, bleiben stehen, strahlen.

„Da, Mama, schöne Blumen von mir." Ich übernehme ein kleines Sträußlein mit heißen, klebrigen Stielen. „Hast du die selber gepflückt, Mützle?"

„Ja, obwohl ich Heuschnupfen hab' und am Niesen fast erstickt bin!"

„Ach, das tut mir aber leid."

„Na ja, du bist ja jetzt auch krank, mußt sogar im Krankenhaus liegen…" Sie mustert ehrfurchtsvoll den weißen Raum, dreht dabei nervös an ihrem Mozartzopf. „Mensch, so'n feierliches Zimmer, und das hohe Bett mit den Schrauben dran… Soll ich dir eine Pappkatze zum An-die-Wand-Hängen machen, weißt du, mit so 'm langen Spiralschwanz?"

„Mach sie mir für zu Hause, Mützle, zum Empfang, ich komme ja bald wieder."

„Ach ja, ich schreibe dann ‚Herzlich willkommen' auf den Spiralschwanz, dann mußt du immer im Kreis hüpfen, wenn du's lesen willst."

„Die Mama ist operiert, die läßt man nicht im Kreis hüpfen", sagt Jur. „Erzähle ihr lieber, wo du eben warst."

„Im Gericht."

„Na und? Hast du da nichts gesehen?"

„Doch – dein Zimmer. Aber wenn ihr meine Witze nicht schön findet…" Sie schlendert auf den Balkon und versucht, eine Melodie vor sich hinsummend, ihren Ärger zu überwinden. Diesmal gelingt es ihr schneller als sonst, denn sie brennt darauf, ihr Erlebnis loszuwerden.

„Also wenn ich's euch unbedingt erzählen soll ... ich war im Gericht und hab' hundert Einbrecher gesehen, gegenüber von Jurs Zimmer haben sie in den Gittern gehängt, mit Füßen und Händen und haben gekrischen."

„Gekrischen?"

„Ja, weil sie ausbrechen wollten, weil sie nicht geschlachtet werden wollten."

„Aber Mützle", fährt Jur etwas ungehalten dazwischen, „das waren U-Häftlinge, die nur für kurze Zeit hierbleiben, und getötet werden Gefangene überhaupt nicht!"

„Aber sie haben gekrischen!"

„Nein, sie haben dir ,Hallo, kleines Fräulein' zugerufen, sonst nichts; und sie wollten auch nicht ausbrechen, sondern sich ein bißchen sonnen."

„*Ich* sollte ja der Mama erzählen, du verdirbst die ganze Grusligkeit – Jur! Aber eigentlich tust du mir auch etwas leid, daß du immer so Hände und Füße an Gittern sehen mußt, wenn du aus deinem Fenster guckst, und daß deine Topfpflanzen mit Aktenbändern umgewickelt sind, du liebe Zeit!"

Sie schaut ihren Vater an, so mitleidig, als sei er ein Leierkastenmann mit durchlöchertem Hut im Regen.

„Und jetzt erzähle mir doch auch mal, was ihr zu Hause so alles treibt."

„Der Jur kocht Nudeln für vier Tage, die meisten ißt der Paul, der schaufelt richtig, und gestern hat er mir eine Nudel in den Kragen gesteckt und gesagt, es ist ein Wurm, ein Bandwurm, der sich in viele Stücker zerlegen kann.

Die Josi ist lieb. Und weißt du was? Ihr rechter Busen holt auf; er war im Anfang ja immer kleiner als der linke, jetzt wächst er endlich nach, zum Glück!"

Als ich abends wieder allein bin, weiß ich vieles – nur eines weiß ich nicht: Wie geht es denen zu Hause wirklich?

Ein toller Kniff

„Es ist gut, daß die Tante Lina jetzt im Himmel sitzt."
Mützle eröffnet vor dem Schlafen wieder eines ihrer
Abendgespräche, die die Verstorbenen aus der Ver-
wandtschaft umkreisen. „Wo es hier bei uns so stürmt
und regnet, und all die Pfützen... Ich bete immer, daß
der liebe Gott ihr ein Seidenbett gibt, mit Blumen drauf,
und daß sie Anisplätzchen kriegt und Saft."

„Vielleicht brauchen die Menschen dort kein Essen."

„Doch, doch, Mama, täusch dich da nicht, liebe
Leute kriegen was zu essen, und die Tante Lina war *sehr*
lieb – eigentlich bist du auch lieb, und der Jur und die
Josi und die Haspel, manchmal auch der Paul. Wo
kommt denn nur die Bösigkeit her?"

„Die Bosheit gibt es eben auch."

„Ja, schade. Aber manchmal kriegt man die Bosheit
auch weg!"

„So?"

„Ja, zum Beispiel bei der Doris."

„Wie ist das bei der Doris?"

„Die wollte immer allein bestimmen, was wir spielen
und wann wir heimgehen und wie laut ich wiehern muß,
wenn ich ein Pferd bin und so, und da haben wir uns
natürlich verkracht. Da fiel mir ein ganz toller Kniff ein:
Ich tu einfach alles, was sie will, und jetzt ist sie immer
sehr lieb."

Mal ganz unter uns

An einem Spätnachmittag machen wir eine kleine Autofahrt. Es ist Herbst. Irgendwo am Waldrand halten wir an. Die Kinder sind von dem schmalen Spazierpfad entzückt, weil sie einen weichen Blätterteppich durchwaten müssen.

Weit hinten, winzig wie ein Waldgeistlein, stapft Mützle. Sie träumt, sammelt Blätter, läßt sie wieder zu Boden trudeln. Immer wieder bleiben wir stehen, um den Abstand nicht so groß werden zu lassen. Josi und Paul sind uns vorausgeeilt, sie werden sich hoffentlich zur rechten Zeit wieder einfinden. So ist es immer.

Wenn wir dann umkehren, ruft der Vater etwas ungeduldig nach den beiden Großen, und ich lese mein Mützle auf.

Heute ist sie weich gestimmt. „Wenn's dunkel ist und ihr seid bei mir, hab' ich kein bißchen Angst." Trotzdem hält sie mich eisern fest. „Ob der Moritz jetzt im Himmel Abend ißt?" flüstert sie mit einem Blick zu den Sternen. Moritz ist ihr verstorbener Fisch.

Nach einer längeren Pause fährt sie fort: „Eigentlich ist das so 'ne Sache ..."

„Was denn?"

„Na ja, Fische werden doch geangelt. Dann kommen sie als neue Fische in den Himmel. Ja und da werden sie doch sicher wieder geangelt. Also muß es für Fische ganz viele Himmelsstockwerke geben, weil sie immer wieder und immer wieder geangelt werden – und dann die Ohrenkriecher..."

„Was ist mit den Ohrenkriechern?"

„Die werden immer zerstampft, weil wir sie gräßlich finden, und im Himmel werden sie wieder zerstampft, weil die sie ja auch gräßlich finden. Jedenfalls wenn ich mal dort bin, finde ich sie immer noch gräßlich."

„Mußt du sie deshalb zerstampfen?"

„Und ob – oder findest du es vielleicht lustig, wenn dir ein Ohrenkriecher nachts ins Ohr kriecht?"

„Sicher nicht."

„Und wenn man beim Zerstampfen nicht hinguckt, geht's, probier das mal, Mama!"

Über diesem Gespräch sind wir am Auto angekommen. Auch Jur und die beiden Großen schlurfen auf dem Blätterpfad daher. Es ist dämmerig. Wir genießen, in Gedanken versunken, die ruhige Heimfahrt. Niemand redet. Auf einmal ein leises Gekruschel von hinten: Mützle legt umständlich beide Arme um den Hals des Vaters, neigt sich seinem Ohr zu und flüstert: „Jur, mal ganz unter uns – wie schreibt man *Scheiße?*"

Schuhe für den lieben Gott

Wenn Katzen häuslich geworden sind und sie ihre frühere Not vergessen haben, meldet sich die Lust zum Abenteuer zurück. Nudel ist eines Abends verschwunden. Mützle kann es nicht fassen. Sie sucht im Garten, in allen Schränken, unter den Betten, in der Tiefkühltruhe, hinter Vaters Büchern, vergeblich. Dabei tropfen unaufhaltsam dicke Tränen auf den Boden.

Selbst Paul hilft suchen, diesmal sogar ohne eine Gegenleistung zu fordern.

„Ganz gemein ist die Nudel, ich habe sie wieso nicht mehr lieb!"

„So-wie-so heißt das", korrigiert Paul, der gerade meinen Kleiderschrank ausräumt.

„Hab' ich ja extra falsch gesagt", schluchzt sie.

Paul läßt es unwidersprochen, denn er kämpft selber mit den Tränen.

Das Abendessen könnte genausogut ausfallen; niemand hat Hunger.

„Jur, es gibt Katzenschlachter", stößt Mützle hervor, „ich hab's im Fernsehn gesehen, in der Reklame, sie tun das Katzenfleisch in Büchsen…"

„Hast mal wieder nichts kapiert, Mensch, das ist doch Katzen*futter,* was die Typen da anpreisen." Josi hat manchmal einen etwas ruppigen Ton, doch bleibt das heute unbeachtet.

Als der Vater am späten Abend noch einmal vor der Türe nachschaut, ob nicht Räder, Rollschuhe, Sprudelflaschen und Küchenstühle den Eingang versperren, sieht er, mit Uhu an die Hauswand geklebt, ein weißes Schild: „Gasthaus zur klücklichen Nudel" steht darauf geschrieben, Mützles Wegweiser, falls die Katze den richtigen Eingang nicht finden sollte.

Sie findet ihn. Schon am nächsten Morgen steht sie da, dreckig, mißgelaunt und in ihrem ausschließlichen Interesse am Futternapf sehr spröde. Wir atmen aber doch auf!

Nur für Mützle ist die Sache nicht ausgestanden. Irgend etwas nagt an ihr. Gedankenverloren streichelt sie die Ausreißerin, murmelt etwas, nimmt ihren Zopf in den Mund, denkt nach. Am Abend, schon im Schlafanzug, gibt sie sich endlich einen Ruck. „Mama – es ist wegen meiner Sparbüchse…"

„Was ist mit deiner Sparbüchse?"

„Na ja, wegen dem Geld, weil es auf dem Dach liegt." Sie sagt es leise und so huschelig, als sei es eigentlich nicht für menschliche Ohren bestimmt.

„Erzähle mir genau, was los ist, Mützle!"

„Weil ich fünf Mark durch die Dachluke auf das Dach gelegt hab', für den lieben Gott!" Sie schaut mich an, als sei ich unglaublich begriffsstutzig.

„Wieso hast du dem lieben Gott Geld aufs Dach gelegt?"

„Damit er uns die Nudel wieder heimbringt, hab' ich ihm Geld hingelegt; vielleicht will der liebe Gott sich auch mal was Schönes kaufen, Schuhe oder so…"

„Wieso denn Schuhe?" Diese letzte Frage ärgert mich

selber, aber irgendwie muß ich mit meiner Verwirrung fertig werden.

„Meine Güte, Mama, halt Schuhe oder was er sonst brauchen kann!"

Sie schreit mich an, stampft mit dem Fuß auf, und ihr Kinn zittert vor Erregung. Dennoch hat sie auch für *meine* innere Situation Verständnis, vielleicht weil sie in einer Ecke des Herzens die Vergeblichkeit ihres Tuns ahnt. Und ihr Gesicht wird plötzlich zum Spiegelbild der widerstreitendsten Gefühle, als sie langsam, jedes Wort betonend, sagt:

„Aber – ich hab' die fünf Mark in *einzelnen* Markstücken hingelegt, weil er ja vielleicht nicht *alles* braucht, weil er ja vielleicht auch weniger nehmen tut!"

Sie öffnet die Luke, greift zielsicher zu den Dachziegeln hinaus, tastet ab, zählt – strahlt.

Als sie später das Geld in die Sparbüchse fallen läßt, ein Markstück nach dem andern, sagt sie nichts.

Humor und Unterhaltung

Gitta von Cetto
Halb so schön und halb so schlimm
Erlebnisse mit einer lieben Familie
Band 798, 128 Seiten

Bruno Horst Bull
Pfiffiges aus Kindermund
Zum Vorlesen und Selberlachen
Band 821, 144 Seiten

Hans Fickenscher
Aus der Schule geplaudert
Allerlei Kurioses von Lehrern und Schülern
Band 767, 112 Seiten

Heilwig von der Mehden
Schön ist es auch anderswo…
Wir gehen auf die Reise
Band 714, 128 Seiten, 3. Aufl.

Fritz Müller Partenkirchen
Als ich Lehrling war
Erlebnisse bei Kramer & Friemann
Illustriert von Olaf Gulbransson
Band 805, 128 Seiten

in der Herderbücherei